Anonymus

Muntere Lieder:

Eine Sammlung der beliebtesten Gesänge für Sonntagsschulen

Anonymus

Muntere Lieder:
Eine Sammlung der beliebtesten Gesänge für Sonntagsschulen

ISBN/EAN: 9783743336766

Hergestellt in Europa, USA, Kanada, Australien, Japan

Cover: Foto ©Thomas Meinert / pixelio.de

Manufactured and distributed by brebook publishing software
(www.brebook.com)

Anonymus

Muntere Lieder:

Eine Sammlung der beliebtesten und brauch=
barsten Gesänge für Sonntagsschulen und
andere christlichen Versammlungen.

Dritte Auflage.)

CHICAGO:
German Publ. Board, Ashland Ave. & Augusta St.
1891

Inhalts-Verzeichniß.

—o—

Muntere Lieder.

Sonntagsſchul-Ordnung

Eröffnung.

(Der Superintendent erhebt ſich und ſpricht.)

Unſer Anfang geſchehe im Namen des Vaters und des Sohnes und des Heil. Geiſtes. Amen.

Geſang der Schule.

(Darauf erhebt ſich die Schule und ſpricht mit dem Superintendent abwechſelnd folgende)

Pſalmodie.

Superintendent. Ich will den Herrn loben allezeit,

Schule. Sein Lob ſoll immerdar in meinem Munde ſein.

Supt. Meine Seele ſoll ſich rühmen des Herrn,

Sch. Daß die Elenden hören und ſich freuen.

Supt. Preiſet mit mir den Herrn,

Sch. Und laſſet uns miteinander Seinen Namen erhöhen.

Supt. Der Engel des Herrn lagert ſich um die her, ſo Ihn fürchten,

Sch. Und hilft ihnen aus

Supt. Schmecket und ſehet, wie freundlich der Herr iſt,

Sch. Wohl dem, der auf Ihn trauet.

Supt. Fürchtet den Herrn, ihr, Seine Heiligen,

S ch. Denn, die Ihn fürchten, haben keinen Mangel.

S u p t. Kommt her, Kinder, höret mir zu:

S ch. Ich will euch die Furcht des Herrn lehren.

S u p t Behüte deine Zunge vor Bösem,

S ch. Und deine Lippen, daß sie nicht falsch reden.

S u p t. Laß vom Bösen und thue Gutes;

S ch. Suche Frieden und jage ihm nach.

S u p t. Die Augen des Herrn sehen auf die Gerechten,

S ch. Und Seine Ohren auf ihr Schreien.

S u p t. Der Herr erlöset die Seele seiner Knechte,

S ch. Und Alle, die auf Ihn trauen, werden keine Schuld haben.

(Die Psalmodie schließt mit dem)

Gloria Patri

Ehre sei dem Vater und dem Sohn und dem Heiligen Geist, wie es war im Anfang, jetzt und immerdar, und von Ewigkeit zu Ewigkeit. Amen.

(Stehend spricht die Schule mit dem Superintendent)

Die zehn Gebote.

I. Ich bin der Herr, dein Gott; du sollst nicht andere Götter haben neben mir.

II Du sollst den Namen deines Gottes nicht unnützlich führen; denn der Herr wird den nicht ungestraft lassen, der Seinen Namen mißbraucht.

III. Du sollst den Feiertag heiligen.

IV. Du sollst deinen Vater und deine

Mutter ehren, auf daß dir's wohl gehe, und du lange lebest auf Erden.

V.   Du sollst nicht tödten.

VI.   Du sollst nicht ehebrechen.

VII.   Du sollst nicht stehlen

VIII.   Du sollst nicht falsch Zeugniß reden wider deinen Nächsten.

IX.   Du sollst nicht begehren deines Nächsten Haus.

X.   Du sollst nicht begehren deines Nächsten Weib, Knecht, Magd, Vieh, oder was sein ist.

(Der Superintendent spricht:)

Gott sei uns gnädig und barmherzig.

(Die Schule singt:)

Und gebe uns Seinen göttlichen Segen.

Supt.—Er lasse uns Sein Antlitz leuchten.

Schule.—Daß wir auf Erden erkennen Seine Wege.

Supt.—Es segne uns Gott, unser Gott.

Schule.—Es segne uns Gott und gebe uns Seinen Frieden.

Lasset uns beten:

Allmächtiger Gott, barmherziger Vater! wir, Deine Kinder, beten Dich in tiefer Ehrfurcht an und danken Dir demüthiglich für alle Wohlthat, die wir von Dir empfangen haben. Du hast uns zu Deinem Ebenbilde gemacht und in Christo Jesu zu einem Leben der Seligkeit berufen. Gib uns nun auch Gnade, daß wir Dir dienen können in Heiligkeit und Gerechtigkeit unser Lebenlang, und laß Dir unser Jauchzen und Frohlocken wohlgefallen.

Ja, Vater, wir danken Dir von Grund un=
serer Herzen für Deine große Freundlichkeit
gegen uns. Du hast uns von Kind auf un=
zählig viel Gutes an Leib und Seele gethan
und lässest uns auch heute noch wieder
schmecken und sehen, wie freundlich Du bist.
Vergieb uns gnädigst allen Undank, alle
Gleichgültigkeit gegen Dich und Dein Wort,
allen Leichtsinn und Alles, womit wir wider
Dich gesündigt haben. Erleuchte uns durch
Dein göttliches Licht, damit wir insonderheit
unsern lieben Heiland, Jesum Christum, aus
Deinem Worte immer besser kennen lernen,
und gib uns Kraft, Seinen Fußtapfen nach=
zufolgen.

Bewahre uns auch vor falscher Lehre und
vor Versuchung zum Bösen; leite uns auf die
Wege des Friedens und der Gottseligkeit und
erwecke Du in uns stets neue Lust zu Deinen
Zeugnissen. Oeffne unsere Ohren zur Zucht;
thue uns die Herzen auf, daß wir darauf Acht
haben, was uns geredet wird, damit uns die=
ser Unterricht nützen werde zur Lehre, zur
Strafe, zur Züchtigung in der Gerechtigkeit;
daß wir vollkommen werden, geschickt zu allen
guten Werken.

Segne auch Deine ganze Christenheit, in=
sonderheit aber die Kinder, welche mit uns
Lämmer Deiner Heerde sind. Segne unsere
Sonntagsschule, alle unsere Beamten, Lehrer
und Schüler; laß alle Deinem väterlichen
Schutze anbefohlen sein. Nimm auch unsere
lieben Eltern und alle die Unsrigen in Deine
gnädige Obhut; hilf, daß sie alle Dich fürch=

ten, lieben und Dir vertrauen ihr Lebenlang.

Segne und fördere Du das Werk unſerer Hände; leite und führe uns nach Deinem Rath durchs Leben und nimm uns endlich alle auf in Dein ewiges, ſeliges Reich um Jeſu Chriſti willen. Amen.

(Der Superintendent oder Paſtor verlieſt)

Das Evangelium, die Epiſtel oder die Tages-lektion.

(Dann folgt:)

Das Glaubensbekenntniß.

Ich glaube an Gott, den Vater allmächti-gen, Schöpfer Himmels und der Erden.

Und an Jeſum Chriſtum, Seinen einigen Sohn, unſern Herrn, der empfangen iſt von dem Heiligen Geiſte, geboren von der Jung-frau Maria, gelitten unter Pontio Pilato, gekreuzigt, geſtorben und begraben, niederge-fahren zur Hölle, am dritten Tage wieder auferſtanden von den Todten, aufgefahren gen Himmel, ſitzend zur rechten Hand Gottes, des allmächtigen Vaters, von dannen Er kom-men wird zu richten die Lebendigen und die Todten.

Ich glaube an den Heiligen Geiſt, Eine heilige chriſtliche Kirche, die Gemeine der Hei-ligen, Vergebung der Sünden, Auferſtehung des Fleiſches, und ein ewiges Leben. Amen

Lektion in den Klaſſen.

Katechiſation, Anſprache u. ſ. w.

Zum Schluß

(wird ein Lied geſungen Darauf ſprechen Alle zuſam-men)

Das Vaterunser.

Vater unser, Der Du bist im Himmel. Geheiligt werde Dein Name. Dein Reich komme. Dein Wille geschehe wie im Himmel, also auch auf Erden. Unser täglich Brod gib uns heute. Und vergieb uns unsere Schuld, wie wir vergeben unsern Schuldigern. Und führe uns nicht in Versuchung, sondern erlöse uns von dem Uebel. Denn Dein ist das Reich, und die Kraft, und die Herrlichkeit, in Ewigkeit. Amen.

Das Kyrie.

Herr, erbarm Dich unser:
Christe, erbarm Dich unser:
Herr, erbarm Dich unser.

Das Gloria in Excelsis.

Ehre sei Gott in der Höhe und auf Erden Fried, und den Menschen ein Wohlgefallen. Wir loben Dich, wir benedeien Dich, wir beten Dich an, wir preisen Dich, wir sagen Dir Dank um Deiner großen Ehre willen, Herr Gott, himmlischer König, Gott, allmächtiger Vater.

Herr, eingeborner Sohn, Jesu Christe, Herr Gott, Lamm Gottes, ein Sohn des Vaters, der Du hinnimmst die Sünd der Welt, nimm auf unser Gebet. Der Du sitzest zur Rechten des Vaters, erbarm Dich unser.

Denn Du allein bist heilig, Du bist allein der Herr, Du bist allein der Höchste, Jesu Christe, mit dem Heiligen Geist, in der Herrlichkeit Gottes des Vaters. Amen.

I. Anbetung Gottes.

— o —

1. Gottesdienst und Sonntags = Feier.

No. 1. Eigene Melodie.

Mit dem Herrn fang Alles an!
　Kindlich mußt du Ihm vertrauen,
　Darfst auf eigne Kraft nicht bauen;
Demuth schützt vor stolzem Wahn.
:,: Mit dem Herrn fang Alles an. :,:

2. Mit dem Herrn fang Alles an;
　Die sich Ihn zum Führer wählen,
　Können nie das Ziel verfehlen;
Sie nur gehn auf sichrer Bahn.
:,: Mit dem Herrn fang Alles an. :,:

3. Mit dem Herrn fang Alles an;
　Muth wird dir der Helfer senden,
　Froh wirst du dein Werk vollenden,
Denn das ist in Gott gethan.
:,: Mit dem Herrn fang Alles an. :,:

No. 2. Mel.: Weißt du, wie viel Sternlein rc.

Froh und munter will ich singen,
　Froh und munter will ich sein;
Ich will Gott Lobopfer bringen,
　Singend will ich Ihm mich weihn.
Muntre Lieder, frohe Lieder,
Jubeltöne hallet wider,
Bringet Gott Anbetung dar,
Bringet Lob und Preis Ihm dar.

2. Gottes Hand hat mich geleitet,
　Gottes Aug hat mich bewacht,
Gott hat mir viel Freud bereitet,
　Gott hat Alles wohl gemacht.
Sollt ich meinem Gott nicht singen,
Ihm nicht Lob und Dank darbringen,
Ihm nicht ganz mein Herze weihn
Ihm nicht ewig dankbar sein?

3. Brüder, kommt wir wollen singen,
　Schwestern, stimmet fröhlich ein,
Laßt uns Gott Lobopfer bringen,
　Ihm, dem Ehr gebührt allein.
Muntre Schwestern, muntre Brüder,
Singet muntre, frohe Lieder,
Laßt uns munter, munter sein,
Laßt uns froh und glücklich sein.

No. 3. Eigene Melodie.

Sei willkommen, Tag des Herrn, Friedensengel, Morgenstern, Labequell im Wüstensand, Glockenlaut vom Heimathland, Nachgeschmack vom Paradies, Draus die Sünde nicht verstieß; Vorgefühl der Himmelsrast Nach der Erde Müh und Last. :,: Sei mir gegrüßt mit Freudentönen, Sei, heilger Tag des Herrn, gegrüßt! :,:

2. Schön ist meines Gottes Welt, Blumenflur und Himmelszelt; Süß das Wehn der Morgenluft, Rosenglanz und Nelkenduft; Aber, was mich fröhlich macht, Heut ist's mehr als Erdenpracht, Heut ist meines Herren Tag, Selig, wer es fassen mag. :,: Sei mir gegrüßt 2c.

3. Tröst auch heute, die betrübt; Sammle, was im Herrn sich liebt; Löse, die gebunden sind; Locke das verlorne Kind; Bringe der verstörten Welt Einen Gruß vom Himmelszelt; Ruf auch mir vom Vater zu: Heil dir, Gottes Kind bist du! :,: Sei mir gegrüßt 2c.

No. 4. Mel : Nun danket all und 2c. (C. M.)

O Herr, versammelt sind wir hier,
    Wie Kinder um ein Licht,
Zu hören, was Dein Wort von Dir
    Zu unsern Herzen spricht.

2. O gib uns, wie der Lydia,
    Ein offnes Herz und Ohr,
Und sei Du bei uns selber da;
    Dring durchs verschloss'ne Thor.

3. Wir wollen hören; rede Du
    Durch Deines Mundes Laut!
Du schließest dem Dein Wort nicht zu,
    Der gerne sich erbaut.

4. Ach bleib bei uns, Herr Jesu Christ,
    In dieser Abendzeit,
Und bis es heitrer Morgen ist
    In selger Ewigkeit.

No. 5. Eigene Melodie. (8 s, 7 3.)

Schau auf unsre Schul hernieder,
    Auferstandner Siegesheld!
Dir ertönen unsre Lieder,
    Dir, dem kindlich Lob gefällt!
Möchten, gleich dem Kinderhaufen,

Der Dich pries im Tempel dort,
Auch Dich preisen, zu Dir laufen,
Von Dir hören selges Wort.

2. Laß uns Deine Lämmlein werden,
    Sanft, gehorsam, voll Geduld,
Wie Du warst für uns auf Erden
    Einst ein Osterlamm voll Huld.
O Du Hirte, führ und weide
Deine schwachen Kindlein hier,
Bring uns auch zur Himmelsfreude,
Daß wir ewig danken Dir!

No. 6. Mel.: Erhalt uns, Herr, 2c. (L. M.)

Herr, öffne mir die Herzensthür,
Zeuch mein Herz durch Dein Wort zu Dir
Laß mich Dein Wort bewahren rein,
Laß mich Dein Kind und Erbe sein.

2. Dein Wort bewegt des Herzens
        Grund,
Dein Wort macht Leib und Seel gesund,
Dein Wort ist's, das mein Herz erfreut,
Dein Wort gibt Trost und Seligkeit.

3. Ehr sei dem Vater und dem Sohn,
Dem heiligen Geist in Einem Thron;
Der heilgen Dreieinigkeit
Sei Lob und Preis in Ewigkeit!

No. 7. Mel.: Vom Himmel hoch. (L M.)

Der Sonntag kommt mit leisem Tritt,
Und bringt viel Freud und Segen mit.
Sei uns willkommen, Tag des Herrn!
Wir sehn dich Alle herzlich gern.

2. Wie freundlich hat uns Gott bedacht.
Daß er den Sabbath hat gemacht.
Zu ruhen von der Hände Werk,
Daß Leib und Seel sich wieder stärk.

3. Zur Kirche ruft der Glockenschall,
Er tönet über Berg und Thal.
Wir sind jetzt auch schon groß genug
Und folgen gerne diesem Zug.

4. Von innen und von außen rein
Soll jedes Kind am Sonntag sein.
Von Lärm und wildem Spiele fern,
So hat's der Herr am Sonntag gern.

No. 8. Mel.: Ueb immer Treu und 2c. (C. M.)

Der Sonntag soll mir heilig sein,
 Als Tag, den Gott geweiht,
Daß wir uns heilger Dinge freun
 Zur selgen Ewigkeit.

2. Wie Jesus stets den Sabbath ehrt
   Und gern im Tempel blieb,
So halt auch ich den Sonntag werth
   Und hab die Kirche lieb.

3. Die Predigt und das Gotteswort
   Sei meiner Seel Begier;
Ich höre, lerne immerfort,
   Was Gott will sagen mir.

4. Ich will auf Jesu Beispiel sehn,
   Will Gottes Willen thun,
Gehorsam meine Wege gehn
   Und Sonntags christlich ruhn.

5. Du liebster Heiland, habe Dank,
   Daß ich Dein Schüler bin;
O ziehe mich mein Lebenlang
   Stets näher zu Dir hin!

6. Laß mich auch für die ewge Ruh
   Dir ganz befohlen sein,
Und führe mich dem Himmel zu,
   Ins ewge Leben ein!

No. 9. Eigene Melodie.

Du Tag des Herrn, sollst meiner Seele
   Ein stiller, froher Festtag sein,
Ein Tag, den ich mit Ernst erwähle,
   Um ihn dem Lebenswort zu weihn.

Zum Himmel soll mein Geist sich schwin-
gen,
Zum Himmel, den ich fei're heut,
Entfernt von allen eitlen Dingen,
Den Festtag der Unsterblichkeit.

2. Mit allen heiligen Gemeinen,
   Die heut vor Gottes Antlitz stehn,
Soll meine Seele sich vereinen,
   Herr, deine Liebe zu erhöhn.
   Dein Lob und Ehrfurcht hier zu
                           stammeln,
   Bis einst, wann in der Engel Chor,
   Sich Deine Heiligen versammeln,
   Mein Psalm mit ihrem steigt empor.

No. 10. Eigene Melodie. (8, 7.)

Gottesstille, Sonntagsfrühe,
   Ruhe, die der Herr gebot!
Meine Seele wach und glühe
   Mit im hellen Morgenroth!
Könnt ich in dem Zimmer bleiben,
Wann das Volk zur Kirche wallt?
Könnt ich Alltagswerke treiben,
Wann der Glockenruf erschallt?

2. Wo die holden Worte weilen,
   Die der Herr auf Erden sprach;

Lasset auch das Brod mich theilen,
 Das Er Seinen Jüngern brach.
O! welch eine selge Stunde,
Da man Dein, o Herr, gedenkt;
Und wo mit der frohen Kunde
Deines Heiles man uns tränkt!

3. Neues Leben, neue Stärke,
 Reiner Andacht frische Gluth
Zu dem frommen Lebenswerke
 Schöpf ich aus der Gnadenfluth.
Laß der Andacht Gluth stets brennen,
O mein Heiland, Jesus Christ;
Laß es alle Welt erkennen,
Daß mein Herz Dein Altar ist!

No. 11. Eigene Melodie.

Das ist eine selge Stunde,
 Jesu, da man Dein gedenkt,
Und sich recht von Herzensgrunde
 Tief in Dein Erbarmen senkt!
Wahrlich! nichts als Jesum kennen,
Jesum suchen, finden, nennen,
Das erfüllet unsre Zeit
Mit der höchsten Seligkeit.

2. Jesus, Deine Gnadenquelle
 Fließt so gern in's Herz hinein;
Deine Sonne scheinet helle,

Denn du willst genossen sein;
Und bei aller Segensfülle
Ist Dein Wunsch und ernster Wille,
Daß man, weil Dein Brünnlein voll,
Unaufhörlich schöpfen soll.

3. Nun, so wollst auch diese Stunde
    Du in unsrer Mitte sein;
In dem Herzen, in dem Munde
    Leb und herrsche Du allein.
Laß uns Deiner nie vergessen,
Wie Maria still gesessen,
Da sie Deinen Mund gehört,
Also mach uns eingekehrt!

No. 12. Eigene Melodie.

Das ist der Tag des Herrn!
    Ich bin allein auf weiter Flur,
    Noch eine Morgenglocke nur;
Nun Stille, nah und fern.

2. Anbetend knie ich hier,
    O süßes Graun, geheimes Wehn!
    Als knieten Viele ungesehn
Und beteten mit mir!

3. Der Himmel nah und fern;
    Er ist so klar und feierlich,
    So ganz, als wollt er öffnen sich,
Das ist der Tag des Herrn!

No. 13. Eigene Melodie.

Ein Kirchlein steht im Blauen,
 Auf steiler Berges Höh,
Und mir wird beim Beschauen
:,: Des Kirchleins wohl und weh. :,:

2. Veröbet steht es broben,
 Ein Denkmal früher Zeit,
Vom Morgenroth gewoben
:,: Wird ihm sein Sonntagskleid. :,:

3. Und wenn die Glocken klingen,
 Im frischen Morgenhauch,
Dann regt mit zarten Schwingen
:,: Sich dort ein Glöcklein auch. :,:

4. Es weckt sein mildes Schallen
 Die Vorzeit wunderbar
Zum Kirchlein seh ich wallen
:,: Dann frommer Beter Schaar. :,:

No. 14 Mel.: Erwacht vom süßen Schlummer.

So feierlich und stille,
 Als heute nah und fern,
Sei's auch in meinem Herzen
 Am schönen Tag des Herrn!

2. Es tönen hell die Glocken,
 Sie tönen nah und fern,

Und wollen Alle laden
　　Ins hohe Haus des Herrn.

3. O solchem freudgen Rufe,
　　Wer folgte dem nicht gern!
Wer nähme Gnad und Liebe
　　Nicht gern von seinem Herrn!

4. Und sieh' der Glaube leitet,
　　Wie einst der Waisen Stern,
Das Herz auf sicherm Pfade,
　　Hinauf zu seinem Herrn!

No. 15. Mel.: Antioch. (C. M.)

O kommet doch, ihr Kinder all,
　　Zur Sonntagsschule heut
Und macht zu frohem Jubelschall
　　Das junge Herz bereit.

2. Kommt, preiset unsern guten Gott,
　　Der stets so liebreich ist,
Und uns befreit von Sünd und Tod
　　Im Heiland Jesus Christ.

3. Seht, wie der einstens Kinder liebt'
　　Als er auf Erden war;
So liebt er heut, wer nur Ihm giebt
　　Sein Herze ganz und gar.

4. O kommet doch, o kommet doch
　　Zu Jesu Christo heut!
Heut hört ihr Seine Stimme noch,
　　Kurz ist die Erdenzeit.

5. Es kommt die Stunde bald heran,
　　Wo ihr von hinnen müßt;
O wohl dem, der dann sagen kann:
　　„Mein Hirt ist Jesus Christ!"

No. 16. Mel.: O Jesu, Gnadensonne!
(I want to be an angel.)

Ich eile mit den Frommen
　　In Gottes Heiligthum;
Mein Jesus heißt mich kommen,
　　Er, der mein Preis und Ruhm!
Ich will Ihn froh erheben,
In Ihm will selig ruhn;
Ihm sei geweiht mein Leben,
Ihm sei geweiht mein Thun!

Er will, daß man nicht wehre
　　Den Kindlein, Ihm zu nahn
Und Er sie früh belehre,
　　Ihn gläubig zu empfahn.
Auch ich bin eins von denen,
Die Jesus hoch beglückt,
Und die, Ihm folgend, werden
Zum Himmelreich geschickt.

Mit andern frommen Kindern
　　Erschein ich, Herr, vor Dir.
Gib Du uns armen Sündern
　　Ein Gnadenwort allhier!
Wir wollen dankend loben,
Anbetend vor Dir stehn;
Hienieden und dort oben
Dein' Gnad und Ruhm erhöhn.

Ach, liebster Heiland, halte
　　Mich fest an Deiner Hand.
Dein Segen mich umwalte
　　Zum ewigen Vaterland.
Nimm mich in Deine Arme
So freundlich, liebend auf;
Dich meiner Seel' erbarme,
Krön herrlich, meinen Lauf.

No. 17. Mel.: Jesus, meine Zuversicht.

Gott der Vater kröne dich
Mit dem allerreichsten Segen
Und begegne väterlich
Dir, auf allen deinen Wegen,
Daß du's unter Seiner Hut
Habest überschwänglich gut.

2. Jesu Antlitz leuchte dir
Tag und Nacht, in Freud und Leide,
Und erquicke für und für

Dich auf grüner Lebensweide;
Seiner Gnade süßer Schein
Strahl ins Herz dir stets hinein!

3 Und der werthe Heilge Geist,
Der in alle Wahrheit leitet,
Hin zum Kreuz die Sünder weist,
Frieden gibt und Trost verbreitet
Und uns führt zum ewgen Licht,
Heb auf dich Sein Angesicht!

No. 18. Mel.: Christus, der ist mein Leben.
Die Gnade sei mit Allen
Die Gnade unsers Herrn,
Des Herrn, dem wir hier wallen
Und sehn sein Kommen gern.

2 Auf dem so schmalen Pfade
Gelingt uns ja kein Tritt,
Es gehe seine Gnade
Denn bis ans Ende mit.

3 Damit wir nicht erliegen
Muß Gnade mit uns sein,
Nur sie flößt zu dem Siegen
Geduld und Glauben ein.

4. Herr! laß es Dir gefallen,
Noch immer rufen wir:
Die Gnade sei mit Allen!
Die Gnade sei mit mir.

2. Lob- und Dank.

No. 19. Eigene Mel. (O, praise the Lord.)

Lobt froh den Herrn,
    Ihr jugendlichen Chöre!
Er höret gern
    Ein Lied zu Seiner Ehre,
Lobt froh den Herrn! Lobt froh :c.

2. Es schallt empor
    Zu Deinem Heiligthume,
Aus unserm Chor
    Ein Lied zu Deinem Ruhme,
Der Du sich Kinder auserkor.

3. Vom Preise voll,
    Laß unser Herz Dir singen!
Das Loblied soll
    Zu Deinem Throne dringen,
Das Lob, das unsrer Seel entquoll!

4. Einst kommt die Zeit,
    Wo wir auf tausend Weisen,
O Seligkeit!
    Dich unsern Vater preisen
Von Ewigkeit zu Ewigkeit.

No. 20. Eigene Melodie

Lobe den Herren, den mächtigen König der Ehren, Meine geliebete Seele,

das ist mein Begehren. Kommet zu
Hauf! Psalter und Harfe, wacht auf!
Lasset den Lobgesang hören.

2. Lobe den Herren, der künstlich
und fein dich bereitet, Der dir Ge=
sundheit verliehen, dich freundlich ge=
leitet. In wie viel Noth Hat nicht
der gnädige Gott Ueber dir Flügel
gebreitet!

3 Lobe den Herren, was in mir
ist, lobe den Namen, Alles, was
Odem hat, lobe mit Abrahams Sa=
men. Er ist dein Licht, Seele, ver=
giß es ja nicht, Lobende schließe mit
Amen.

No. 21. Eigene Melodie.

Großer Gott, wir loben Dich;
　　Herr, wir preisen Deine Stärke!
Vor Dir neigt der Himmel sich
　　Und bewundert Deine Werke!
Wie Du warst vor aller Zeit,
So bleibst Du in Ewigkeit.

2. Alles, was Dich preisen kann,
　　Cherubim und Seraphinen,
Stimme Dir ein Loblied an;

Alle Engel, die Dir dienen,
Rufen Dir in selger Ruh:
„Heilig, heilig, heilig!" zu.

3. Der Apostel heilger Chor,
   Der Propheten große Menge
Schickt zu Deinem Thron empor
   Neue Dank= und Lobgesänge.
Der Blutzeugen große Schaar
Lobt und preist Dich immerdar.

4 Auf dem ganzen Erdenkreis
   Loben Große und auch Kleine
Dich, Gott Vater; Dir zum Preis
   Singt die heilige Gemeine;
Sie verehrt auf Seinem Thron
Deinen eingebornen Sohn.

5. Sie verehrt den heilgen Geist,
   Welcher uns mit Seinen Lehren
Und mit Troste kräftig speist,
   Der, o König aller Ehren!
Eins mit Dir, Herr Jesu Christ,
Eins auch mit dem Vater ist.

No 22. Mel.: Weißt du, wie viel Sternlein stehen.

Womit soll ich Dich wohl loben, Mäch=
tiger Herr Zebaoth? Sende mir dazu
von oben Deines Geistes Kraft, mein

Gott! Denn ich kann mit nichts errei-
chen Deine Gnad und Liebeszeichen.
Tausend, tausend Mal sei Dir, Großer
König, Dank dafür!

2. Herr, entzünde mein Gemüthe,
Daß ich Deine Wundermacht, Deine
Gnade, Treu und Güte Stets erhebe
Tag und Nacht! Denn von Deinen
Gnadengüssen Leib und Seele zeugen
müssen. Tausend 2c.

3. Tausendmal sei Dir gesungen,
Herr mein Gott, Preis, Lob und Dank,
Daß es mir bisher gelungen! Ach laß
meines Lebens Gang Ferner doch durch
Jesu Leiten, Nur gehn in die Ewigkeiten,
Da will ich, Herr, für und für, Ewig,
ewig, danken Dir.

No. 23. Eigene Melodie. (C. M.)

Ich singe Dir mit Herz und Mund,
 Herr, meines Herzens Lust!
Ich sing und mach auf Erden kund,
 Was mir von Dir bewußt.

2. Ich weiß, daß Du der Brunn der Gnad
 Und ewge Quelle bist,
Woraus uns Allen früh und spat
 Viel Heil und Gutes fließt.

3. Wohl auf, mein Herze, sing und spring
   Und habe guten Muth;
Dein Gott, der Ursprung aller Ding,
   Ist selbst und bleibt dein Gut.

No. 24. Eigene Melodie.

Gott ist getreu!
   Sein Herz, Sein Vaterherz,
      Ist voller Redlichkeit;
         Gott ist getreu!
   Bei Wohlsein und bei Schmerz
      In gut und böser Zeit.
Weicht, Berge weicht! fallt hin, ihr Hügel!
Mein Glaubensgrund hat dieses Siegel:
      Gott ist getreu!

2. Gott ist getreu!
      Er ist mein treuster Freund!
         Dies weiß, dies glaub ich fest;
            Ich bin gewiß,
         Daß Er mich keinen Feind
            Zu hart versuchen läßt.
Er wiegt bei jeder Prüfungsstunde
Die Kraft von meinem Glaubenspfunde;
         Gott ist getreu!

3.   Gott ist getreu!
      Vergiß, o Seel, es nicht,

Wie zärtlich treu Gott ist!
Gott treu zu sein,
Sei deine frohe Pflicht,
So lang du denkst und bist.
Halt fest an Gott, sei treu im Glauben;
Laß dir den starken Trost nicht rauben:
Gott ist getreu.

No. 25. Eigene Melodie.

Gott ist die Liebe, Läßt mich erlösen,
Gott ist die Liebe, Er liebt auch mich.
Drum sag ich nochmal: Gott ist die Liebe
Gott ist die Liebe, Er liebt auch mich.

2. Ich lag in Banden Der schnöden
Sünden;
Ich lag in Banden, Und konnt nicht los.
Drum sag ich 2c.

3. Jesus, mein Heiland, Gab sich zum
Opfer,
Jesus, mein Heiland, Büßt meine Schuld.
Drum sag ich 2c.

4. O süße Liebe, Du Brunn des Heiles,
O süße Liebe, der Seelen Trost.
Drum sag ich 2c.

5. Dich will ich preisen, Du ewge Liebe;
Dich will ich loben, So lang ich bin.
   Drum sag ich 2c.

No. 26. Eigene Melodie. (Psalm 23.)

Gott ist mein Hirt!
   Was mangelt jemals mir?
      Ihm folg ich fröhlich nach.
   Er weidet mich
      Auf grüner Aue hier,
   Führt mich zum frischen Bach.
Er labt mein Herz mit Seiner Gnade;
Und leitet mich auf sanftem Pfade
      Mit Hirtentreu'!

   2. Und wall' ich auch
      Das finstre Thal hinab,
         Kein Unglück fürchte ich.
      Du bist bei mir!
         Dein Stab, Dein Hirtenstab
      Ist Trost und Schutz für mich.
Sei's denn, daß Feinde mich beneiden:
Du ladest mich zum Mahl der Freuden;
         An Deinen Tisch.

   3. Du salbst mein Haupt
      Mit heilgem Oel und schenkst
         Mir volle Becher ein:

Mein Hirt, der Du
So gnädig mein gedenkst,
Du wirst mir Alles sein.
Du labest mich schon hier mit Freuden
Und dort wird ewig nichts mich scheiden
Von Dir, mein Heil!

No. 27. Eigene Melodie.

Danket dem Herrn! Wir danken dem Herrn, denn Er ist freundlich und Seine Güte währet ewiglich, sie währet ewiglich, sie währet ewiglich.

2. Lobet den Herrn! Ja, lobe den Herrn auch meine Seele; vergiß es nie, was Er dir Gut's gethan, was Er dir Gut's gethan, was Er dir Gut's gethan.

3. Sein ist die Macht! Allmächtig ist Gott. Sein Thun ist weise und Seine Huld wird jeden Morgen neu, wird jeden Morgen neu, wird jeden Morgen neu.

4. Groß ist der Herr! Ja, groß ist der Herr; Sein Nam' ist heilig, und alle Welt ist Seiner Ehre voll, ist Seiner Ehre voll, ist Seiner Ehre voll.

5. Betet ihn an! Anbetung dem Herrn; mit hoher Ehrfurcht werd auch von uns Sein Name stets genannt, Sein Name stets genannt, Sein Name stets genannt.

6. Singet dem Herrn! Lobsinget dem Herrn in frohen Chören, denn Er vernimmt auch unsern Lobgesang, auch unsern Lobgesang, auch unsern Lobgesang.

No. 28. Mel.: Allein Gott in der Höh sei Ehr.

Gott Vater, Sohn und Heilger Geist,
Wir rühmen Deinen Namen,
Du, den der ganze Weltkreis preist,
Du ewges Ja und Amen!
Versammelt gläubig sind wir hier,
Zu hören Alles gern von Dir,
Was Du uns hast zu sagen.

2. Herr Jesu Christe, Gottes Sohn,
In Ewigkeit geboren
Dem Vater gleich in einem Thron —
Du Retter der Verlornen!
Das Band der Zunge löse Du,
Dem Ohr ruf Dein Hephata zu,
Und mit uns Alls wohl mache.

3. O HeilgerGeist, Du Tröster werth,
　Verleih uns Gnad und Stärke,
Mach uns mit Deinem Volk auf Erd
　Geschickt zum Himmelswerke!
Wir beten an und danken Dir,
Dreiein'ger Gott, hier für und für,
Der Du bist, warst und bleibest.

II. Kirchliche Festzeiten.

— o —

Das Kirchenjahr. — 1. Advent.

No. 29. Mel: Erschienen ist der herrlich Tag

Nun kommt das neue Kirchenjahr,
Des freut sich alle Christenschaar;
Dein König kommt, drum freue dich,
Du werthes Zion, ewiglich.

2. Wir hören noch das Gnadenwort
Von Anfang immer wieder fort,
Das uns den Weg zum Leben weist;
Gott sei für Seine Gnad gepreist.

3. Gott, was uns Deine Wahrheit lehrt,
Die unsern Glauben stets vermehrt,
Laß in uns bleiben, daß wir Dir
Lob und Preis sagen für und für.

No. 30. Eigene Melodie.

Macht hoch die Thür, die Thor' macht weit,
Es kommt der Herr der Herrlichkeit,
Ein König aller Königreich',
Ein Heiland aller Welt zugleich,
Der Heil und Leben mit sich bringt;
Derhalben jauchzt, mit Freuden singt:
 „Gelobet sei mein Gott,
  Mein Schöpfer reich an Rath.“

2. Sanftmüthigkeit ist Sein Gefährt,
Er ist gerecht, ein Helfer werth,
Sein Königskron ist Heiligkeit,
Sein Scepter ist Barmherzigkeit;
All unsre Noth zum End Er bringt,
Derselben jauchzt, mit Freuden singt:
 „Gelobet sei mein Gott,
  Mein Heiland groß von That.“

3. Komm, o mein Heiland, Jesu Christ!
Mein's Herzens Thür Dir offen ist,
Ach zeuch mit Deiner Gnade ein,
Dein Freundlichkeit auch uns erschein,
Dein heilger Geist uns führ und leit
Den Weg zur ewgen Seligkeit,
 Dem Namen dein, o Herr,
  Sei ewig Preis und Ehr.

No 31. Himmel, Erde, Luft und Meer (7 s.)

Tochter Zion, freue dich;
　　Jauchze laut, Jerusalem!
Sieh', dein König kommt zu dir;
　　Ja, er kommt, der Friedefürst.

2. Hosianna Davids Sohn!
　　Sei gesegnet Deinem Volk.
Gründe nun Dein ewges Reich;
　　Hosianna in der Höh'!

3. Hosianna, Davids Sohn!
　　Sei gegrüßet, König, mild.
Ewig steht Dein Friedensthron,
　　Du, des ewgen Vaters Kind.

No. 32 Mel.: Lobt Gott, ihr Christen, alle gleich.

Der Herr ist nahe! tönt es laut
　　Jetzt durch die Christenheit;
Der Herr ist nahe! kommt und schaut,
　　Wie Er Sein Volk erfreut.

2. Ja, nahe bist Du, Herr, mein Heil,
　　Dem, der von Herzen glaubt!
Du rufst auch mir: Ich bin dein Theil,
　　Drum hebe auf dein Haupt!

3. Die neue Wache zeigt mir's an,
   Es ruft die Feierzeit:
"Der Herr, dein König, zieht heran,
   Ihm sei dein Herz geweiht!"

---

2. Weihnachten.

No. 33. Eigene Melodie.

O du fröhliche, O du selige,
   Gnadenbringende Weihnachtszeit!
Welt ging verloren, Christ ward geboren,
   Freue, freue dich, o Christenheit.

2. O du fröhliche, O du selige,
   Friedenbringende Weihnachtszeit:
Christ ist erschienen, uns zu versühnen:
   Freue, freue dich, o Christenheit.

3. O du fröhliche, O du selige,
   Lebenbringende Weihnachtszeit:
Himmlische Heere jauchzen dir Ehre:
   Freue, freue dich, o Christenheit!

No 34. Mel.: Vom Himmel hoch, da komm ich her.

Empor zu Gott, mein Lobgesang!
Er, dem der Engel Lied erklang,
Der Tag, der Freudentag ist da,
Ihr Christen singt: Hallelujah!

2. Vom Himmel kam in dunkler Nacht,
Der uns das Lebenslicht gebracht.
Nun leuchtet uns ein milder Strahl,
Wie Morgenroth im dunklen Thal.

3. Er kam, des Vaters Ebenbild,
Von schlichtem Pilgerkleid umhüllt,
Und führet uns mit sanfter Hand,
Ein treuer Hirt ins Vaterland!

4. Rein, wie der Engel Harfenklang,
Steig auf, du hoher Lobgesang!
Der Tag, der Freudentag ist da,
Ihr Christen, singt: Hallelujah!

No. 35. Eigene Melodie.

Ihr Kinderlein, kommet, o kommt doch all'!
Zur Krippe herkommet in Bethlehems Stall,
Und seht, was in dieser hochheiligen Nacht
Der Vater im Himmel für Freude uns macht.

2. O seht in der Krippe, im nächtlichen Stall,
Seht hier bei des Lichtleins hellglänzendem
Strahl
In reinlichen Windeln das himmlische Kind,
Viel schöner und holder als Engel es sind.

3. Da liegt es, ihr Kinder! auf Heu u. auf Stroh
Maria und Joseph betrachten es froh;

Die redlichen Hirten knien betend davor,
Hoch oben schwebt jubelnd der Engelein Chor.

4. O beugt wie die Hirten anbetend die Knie,
Erhebet die Hände und danket wie sie!
Stimmt freudig, ihr Kinder, wer wollt sich
nicht freun,
Stimmt freudig zum Jubel der Engel mit ein.

5 O betet, Du liebes, Du göttliches Kind,
Was leidest Du Alles für unsere Sünd!
Ach, hier in der Krippe schon Armuth u. Noth,
Am Kreuze dort endlich den bitteren Tod!

6. Was geben wir Kinder, was schenken wir Dir,
Du bestes und liebstes der Kinder, dafür?
Nichts willst du von Schätzen und Reichthum
der Welt,
Ein Herz nur voll Demuth allein dir gefällt.

7. So nimm unsre Herzen zum Opfer denn hin;
Wir geben sie gerne mit fröhlichem Sinn,
Und mache sie heilig und selig wie Deins,
Und mach sie auf ewig mit Deinem in eins!

No. 36. Eigene Melodie.

Stille Nacht, heil'ge Nacht!
　Alles schläft, einsam wacht!
　　Nur das heilige Elternpaar,
　　Das im Stall zu Bethlehem war.
　:,:Bei dem himmlischen Kind.:,:

2. Stille Nacht, heil'ge Nacht!
Hirten erst kund gemacht
 Durch der Engel Hallelujah,
 Tönt es laut von fern und nah:
:,: Christ, der Retter, ist da! :,:

3. Stille Nacht, heilge Nacht!
Gottes Sohn, o wie lacht
 Lieb' aus Deinem göttlichen Mund,
 Da uns schlägt die rettende Stund,
:,: Christ, in Deiner Geburt. :,:

No. 37. Eigene Melodie. (L. M.)

Vom Himmel hoch da komm ich her,
Ich bring euch gute, neue Mähr,
Der guten Mähr bring ich so viel,
Davon ich singen und sagen will.

2. Euch ist ein Kindlein heut geborn,
Von einer Jungfrau auserkorn
Ein Kindelein so zart und fein,
Das soll eur Freud und Wonne sein.

3. Es ist der Herr Christ, unser Gott,
Der will euch führn aus aller Noth,
Er will eur Heiland selber sein,
Von allen Sünden machen rein.

4. Er bringt euch alle Seligkeit,
Die Gott der Vater hat bereit,
Daß ihr mit Ihm im Himmelreich
Sollt leben nun und ewiglich.

5. So merket nun das Zeichen recht,
Die Krippen, Windelein so schlecht,
Da findet ihr das Kind gelegt,
Das alle Welt erhält und trägt.

6. Des laßt uns alle fröhlich sein
Und mit den Hirten gehn hinein,
Zu sehn, was Gott uns hat bescheert,
Mit seinem lieben Sohn verehrt.

No 38. Eigene Melodie.

Nun singet und seid froh,
Jauchzt alle und sagt so:
    Unsers Herzens Wonne
Liegt in der Krippe bloß,
    Und leuchtet als die Sonne
In seiner Mutter Schoß.
    :,: Du bist A und O! :,:

2. Sohn Gottes in der Höh'!
    Nach Dir ist mir so weh'!
        Tröst mir mein Gemüthe,
    O Kindlein, zart und rein,

Durch alle Deine Güte,
O liebstes Jesulein!
:,: Zeuch mich hin nach Dir.:,:

3. Groß ist des Vaters Huld,
Der Sohn tilgt unsre Schuld.
Wir waren all verdorben
Durch Sünd und Eitelkeit;
So hat Er uns erworben
Die ewge Himmelsfreud'.
:,:Eya, wär'n wir da!:,:

4. Wo ist der Freuden Ort?
Ach nirgends mehr, denn dort,
Da die Engel singen,
Zusammt den Heilgen all,
Und wo die Psalmen klingen
Im hohen Himmelssaal.
:,:Eya, wär'n wir da!:,:

No. 39. Mel: Hark! what mean those holy
voices? (8 8, 7 8.)

Horch! welch Odem heilger Klänge,
Der die Lüfte sanft bewegt?
Engel sind's; ihr Lobgesänge
Himmelan den Jubel trägt!

2. Wunderbotschaft! Lausche, höre
Ihres Jubelliedes Ton!

Ehre in der Höhe, Ehre,
Ehre Gott im Himmelsthron!

3. Fried auf Erden, Wohlgefallen
Allem Volk und jedem Ort!
Gnade und Erlösung Allen!
Harf und Psalter tön es fort:

4. Christ der Heiland ist geboren;
Erd und Himmel Ihn erhöht.
Sei gegrüßt, den Gott erkoren,
Priester, König und Prophet!

5. Eilet, werft euch Ihm zu Füßen,
Sucht Ihn sehnlich, weil Er nah';
Bis ihr dort Ihn möget grüßen
Mit der Engel Gloria.

No 40. Eigene Melodie.

Welche Morgenröthen wallen
Himmelab in stiller Nacht?
Seh ich Sonnen Gottes fallen?
Nein, der Heere Gottes Macht
Hält bei frommen Hirten Wacht,
Und des Engels Worte schallen:
Zaget nicht, denn große Freud
Ist euch widerfahren heut.

2. Christus ward euch heut geboren,
   Euer Heiland, euer Herr;
Davids Stadt hat er erkoren
   Und in Windeln lieget Er;
   In der Krippe liegt der Herr.
Jedem Volke ward geboren,
   Hochgelobet in der Zeit,
   Hochgelobt in Ewigkeit.

3. Ach, was können wir Dir bringen,
   ·Dir, dem Herrn der Herrlichkeit?
Unsre Liebe soll Dir singen,
   Dir sei unser Herz geweiht,
   Unser Wille Dir bereit;
Gib zum Wollen das Vollbringen!
   Laß uns Dein sein in der Zeit,
   Dein, o Herr, in Ewigkeit!

No. 41. Mel.: Aus dem Himmel.

Alle Jahre wieder
   Kommt das Christuskind
Auf die Erde nieder,
   Wo die Menschen sind.

2. Kehrt mit Seinem Segen
   Ein in jedes Haus,
Geht auf allen Wegen
   Mit uns ein und aus.

3. Ist auch mir zur Seite,
   Still und unerkannt,
Daß Es treu mich leite
   An der lieben Hand.

No. 42. Eigene Melodie (L. M.)

Die schönste Zeit, die liebste Zeit,
Sagt's allen Leuten weit und breit,
Damit sich Jedes freuen mag,
Das ist der liebe Weihnachtstag.

2. Den hat uns Gott, der Herr, bestellt,
Den herrlichsten in aller Welt,
Daß Jung und Alt, daß Groß und Klein,
So recht von Herzen froh soll sein.

3. Das beste Kind, das liebste Kind,
So viele rings auf Erden sind,
Kommt her und hört, damit ihr's wißt,
Das ist der liebe Jesus Christ.

4. Wie der sich freundlich zu uns neigt,
Mit Seinen Händen nach uns reicht!
Und wer Sein Auge nur gesehn,
Will nimmer wieder von Ihm gehn.

5. Zur Weihnachtszeit, zur Weihnachts-
                          zeit,
Da kam Er von dem Himmel weit
Zu Seinen armen Menschen her,
In einer Krippe schlummert er.

6. Das Christuskind in einem Stall!
Und ist doch von den Kindern all
Kein andres diesem Einen gleich
Auf Erden und im Himmelreich!

No. 43. Eigene Melodie. (L. M.)

Du lieber, heilger, frommer Christ,
Der für uns Kinder kommen ist,
Damit wir sollen weiß' und rein
Und rechte Kinder Gottes sein.

2. Du Licht, vom lieben Gott gesandt,
In unser dunkles Erdenland:
Du Himmelslicht und Himmelsschein,
Damit wir sollen himmlisch sein.

3. Du lieber, heilger, frommer Christ,
Weil heute Dein Geburtstag ist,
Drum ist auf Erden weit und breit
Bei allen Kindern frohe Zeit.

4. O segne mich, ich bin noch klein,
O mache mir die Seele rein;
O bade mir die Seele hell
In Deinem reichen Himmelsquell.

5. Daß ich wie Engel Gottes sei,
In Demuth und in Liebe treu,
Daß Dein ich bleibe für und für,
Tu heilger Christ, das schenke mir.

No 44. Eigene Melodie.

Der Christbaum ist der schönste Baum,
  Den wir auf Erden kennen;
Im Garten klein, im engsten Raum,
Wie lieblich blüht der Wunderbaum,
  Wenn seine Blümchen brennen,
  Wenn seine Blümchen brennen,
    Ja brennen.

2. Denn sieh, in dieser Wundernacht
  Ist einst der Herr geboren,
Der Heiland, der uns selig macht;
Hätt' Er den Himmel nicht gebracht,
  Wär alle Welt verloren.

3. Doch nun ist Freud und Seligkeit,
  Ist jede Nacht voll Kerzen;
Auch dir, mein Kind, ist das bereit't,
Dein Jesus schenkt dir Alles heut,
  Gern wohnt Er dir im Herzen.

4. O laß Ihn ein! Es ist kein Traum!
  Er wählt dein Herz zum Garten;
Will pflanzen in dem engen Raum
Den allerschönsten Wunderbaum
  Und seiner treulich warten.

3. Neujahr und Epiphanias.

No. 45. Mel.: Vom Himmel hoch, da komm.(L.M.)

Willkommen, liebes, junges Jahr,
Mit deinen Augen frisch und klar,
Mit deinem raschen, frohen Schritt,
Sag an, was bringst du Schönes mit?

2. Vom Himmel her, da kommt dein Gang,
Drum ist mir gar nicht vor dir bang;
Du bist vom lieben Gott bestellt
Und bringest frohen Gruß der Welt.

3. Und was du trägst in deiner Hand,
Das ist ein theures Liebespfand;
Sei's Regen oder Sonnenschein,
Es wird zu unserm Segen sein.

No. 46. Eigene Melodie.

Nur mit Jesu will ich Pilger wandern,
Nur mit Ihm geh froh ich ein und aus,
Weg und Ziel sind ich bei keinem Andern;
Er allein bringt Heil in Herz und Haus,
Er allein bringt Heil in Herz und Haus.

2. Berg und Thal und Feld und Wald
und Meere,
Froh durchwall ich sie an seiner Hand.
Wenn der Herr nicht mein Begleiter wäre
:,: Fänd ich nie das wahre Vaterland. :,:

3. Er ist Schutz, wenn ich mich niederlege,
Er mein Hort, wenn früh ich stehe auf.
Er mein Rather an dem Scheidewege,
:,: Und mein Trost bei rauhem Pilger-
lauf. :,:

4. Bei dem Herrn will stets ich Einkehr
halten,
Er sei Speis' und Trank und Freude mir.
Seine Gnade will ich lassen walten,
:,: Ihm befehl ich Leib und Seele hier. :,:

5. Bis es Abend wird für mich hienieden
Und Er ruft zur ewgen Heimath hin,
Bis mit Ihm ich gehe ein zum Frieden,
:,: Wo Sein selger Himmelsgast ich bin. :,:

No. 47. Mel.: Himmel, Erde, Luft und Meer.

Morgenstern auf finstre Nacht,
Der die Welt volle Freude macht,
Jesu, komm ins Herz hinein,
Laß es licht und heiter sein.

2. Deines Glanzes Herrlichkeit
Uebertrifft die Sonne weit;
Tausend Sonnen geben nicht,
Was Dein mildes Gnadenlicht.

3. Du erleuchtest Alles ganz,
Was sich nahet Deinem Glanz;
Wo Du leuchtest, wird die Nacht
Schnell zum Freudentag gemacht.

4. Nun, Du wahres Seelenlicht,
Komm herein und säume nicht!
Jesu, komm ins Herz hinein,
Laß es ewig heiter sein.

No. 48. Mel.: Jesus, meine Zuversicht.

Jesu, großer Wunderstern, Der aus Jakob ist erschienen, Meine Seele will so
gern Dir an Deinem Feste dienen.
Nimm doch, nimm doch gnädig an, Was
ich Armer schenken kann.

2. Nimm das Gold des Glaubens
hin, Wie ichs von Dir selber habe Und
damit beschenket bin; So ist Dirs die
liebste Gabe. Laß es auch bewährt und
rein In dem Kreuzesofen sein.

3. Nimm den Weihrauch des Gebets,
Laß denselben vor Dir gnügen; Herz
und Lippen sollen stets, Ihn zu opfern,
vor Dir liegen. Wenn ich bete, nimm
es auf Und sprich Ja und Amen drauf.

4. Nimm die Myrrhen bittrer Reu;
Ach, mich schmerzet meine Sünde: Aber
Du bist fromm und treu, Daß ich Trost
und Gnade finde Und nun fröhlich spre=
chen kann: Jesus nimmt mein Opfer an.

No 49. Mel.: Nun danket all und bringet Ehr.

Auf, Seele, auf und säume nicht,
   Es bricht das Licht herfür,
Der Wunderstern giebt dir Bericht,
   Der Held sei vor der Thür.

2. Gieb Acht auf diesen hellen Schein,
   Der aufgegangen ist,
Er führet dich zum Kindelein,
   Das heißet Jesus Christ.

3. Er ist der Held aus Davids Stamm
   Die theure Saronsblum,
Das rechte, ächte Gotteslamm,
   Israels Preis und Ruhm.

4. Drum mache dich behende auf,
   Befreit von aller Last,
Und laß nicht ab in deinem Lauf,
   Bis du dies Kindlein hast.

5. Halt dich im Glauben an das Wort,
Das fest ist und gewiß,
Das führet dich zum Lichte fort
Aus aller Finsterniß.

6. Gieb dich Ihm selbst zum Opfer dar
Mit Geiste, Leib und Seel
Und singe mit der Engel Schaar:
Hier ist Immanuel!

No. 50. Eigene Melodie. (C. M.)

Einst unser Herr auf Erden war,
　Uns hergesandt von Gott;
Der war ein Retter in Gefahr,
　Ein Helfer in der Noth.

2. Er zog umher von Haus zu Haus
　In niedriger Gestalt,
Und eine Kraft ging von Ihm aus,
　Die heilete die Welt.

3. Wer elend war, blieb schüchtern stehn
　Und klagte Ihm sein Leid,
Ein Wort, ein Blick, dann wars geschehn;
　Das war 'ne selge Zeit.

4. Wie kamen sie doch jung und alt
　Auf Bett und Bahr' zu Ihm,
Und gingen Alle alsobald
　Geholfen wieder heim.

No. 51. O du Liebe, meiner Liebe. (8, 7 s.)

Immer muß ich wieder lesen
 In dem heilgen Bibelbuch,
Wie mein Herr so sanft gewesen,
 Ohne List und ohne Trug;
Wie Er hieß die Kindlein kommen,
Wie Er hold sie angeblickt,
Und sie in den Arm genommen,
Und sie an sein Herz gedrückt.

2. Wie Er Hülfe und Erbarmen
 Allen Kranken gern erwies,
Und die Schwachen und die Armen
 Seine lieben Brüder hieß.
Wie Er keinem Sünder wehrte,
Der bekümmert zu Ihm kam,
Wie Er freundlich ihn belehrte,
Ihm den Tod vom Herzen nahm.

3. Hat die Heerde sanft geleitet,
 Die Sein Vater Ihm verliehn;
Hat die Arme ausgebreitet,
 Alle an Sein Herz zu ziehn.
Ja, nun will ich fleißig lesen,
Was mein Jesus für mich that;
Wie Er ist so sanft gewesen,
Wie Er uns geliebet hat.

4. Paffionszeit.

No. 52. O du Liebe, meiner Liebe. (8, 7)

Sehet, sehet, welche Liebe
  Hat der Vater uns erzeigt;
Sehet, wie Er voll Erbarmen
  Ueber uns Sein Antlitz neigt!
Seht, wie Er das Allerbeste
Für das Allerschlecht'ste giebt,
Seinen Sohn für unsere Sünden —
Sehet, seht, wie Er uns liebt!

2. Sehet, sehet, welche Liebe
  Unser Heiland zu uns trägt,
Wie Er Alles für uns leidet,
  Selbst, daß man ans Kreuz ihn schlägt!
Wie er da auch noch den letzten
Tropfen Bluts für uns vergießt;
Sehet, seht, ob das nicht Liebe,
Namenlose Liebe ist!

3. Sehet, sehet, welche Liebe
  Uns erzeigt der Heilge Geist
Wie Er auch den ärgsten Sünder
  Gern zum Leben unterweist;
Wie Er strafend, lehrend, tröstend
Immer zu den Menschen spricht,
O, wer priese solche große,
Dreifach große Liebe nicht!

C h o r u s: Sehet, sehet, welche Liebe
　　Hat der Vater uns erzeigt;
　　Sehet, wie er voll Erbarmen
　　Ueber uns Sein Antlitz neigt!

No. 53. Eigene Melodie.

Kommt, o liebe Kinder,
　　Kommt zum Kreuz heran;
Seht den Freund der Sünder,
　　Seht den Schmerzensmann.

2. Seht, ach seht Ihn hangen,
　　Seht an Seinem Blut,
Was Er vor Verlangen
　　Nach den Sündern thut!

3. Gebt dem Lamm das Seine,
　　Seinen sauern Lohn!
Sagt Ihm: wir sind Deine,
　　Gnädger Gottessohn.

4. Preiset Seine Wunden,
　　Seinen bittern Tod,
Seine Marterstunden, ·
　　Seine Angst und Noth.

No. 54. Eigene Melodie.

Der am Kreuz ist meine Liebe,
　　Und sonst nichts in dieser Welt!
O daß Er's doch ewig bliebe,

Der mir jetzt ſo wohl gefällt!
Nun, es bleibe feſt dabei,
Und mir jede Stunde neu;
Sei es heiter, ſei es trübe:
Der am Kreuz iſt meine Liebe!

2. Lieber wähl ich dieſe Plage
    Und der Liebe ſchweren Stand,
Als die ſichern, guten Tage
    Und der Ehre eitlen Tand.
Heiß ich immerhin ein Thor,
Schmeichle mir die Welt in's Ohr,
Daß ich ihre Luſt mit übe:
Der am Kreuz iſt meine Liebe!

3. Dieſe Liebe lohnet endlich,
    Führet uns ins Vaterhaus,
Iſt zur letzten Zeit erkenntlich,
    Und theilt Kränz und Kronen aus.
Ach, ach wollte Gott, daß doch
Alle Welt ſich einmal noch
Dieſes in das Herz einſchriebe:
Der am Kreuz iſt meine Liebe!

No. 55. Eigene Melodie.

Wollt ihr wiſſen, was mein Preis?
Wollt ihr lernen, was ich weiß?

Wollt ihr sehn mein Eigenthum?
Wollt ihr hören, was mein Ruhm?
  Jesus, der Gekreuzigte!

2. Wer ist meines Glaubens Grund?
Wer stärkt und erweckt den Mund?
Wer trägt meine Straf und Schuld?
Wer schafft mir des Vaters Huld?
  Jesus, der Gekreuzigte!

3. Wer ist meines Lebens Kraft?
Wer ist meines Geistes Saft?
Wer macht fromm mich und gerecht?
Wer macht mich zu Gottes Knecht?
  Jesus, der Gekreuzigte!

4. Wer ist meines Todes Tod?
Wer hilft in der letzten Noth?
Wer versetzt mich in Sein Reich?
Wer macht mich den Engeln gleich?
  Jesus, der Gekreuzigte!

5. Und so wißt ihr, was ich weiß;
Ihr wißt meinen Zweck und Preis.
Glaubt, lebt, duldet, sterbt; — allein
Wem zu Liebe soll es sein?
  Jesu, dem Gekreuzigten!

No. 56. Mel: Erhalt uns, Herr bei ⁊c. (L. M.)

Wir danken Dir, Herr Jesu Christ,
Daß Du für uns gestorben bist
Und hast uns durch Dein theures Blut
Gemacht vor Gott gerecht und gut.

2. Wir bitten Dich, wahr Mensch u. Gott,
Durch Dein heilig fünf Wunden roth,
Erlös uns von dem ewgen Tod
Und tröst uns in der letzten Noth.

3. Behüt uns auch vor Sünd u. Schand,
Reich uns Dein allmächtige Hand,
Daß wir im Kreuz geduldig sein,
Uns trösten Deiner schweren Pein;

4. Und draus schöpfen die Zuversicht,
Daß Du uns werdst verlassen nicht,
Sondern ganz treulich bei uns stehn,
Daß wir durchs Kreuz ins Leben gehn.

---

5. Oftern und Himmelfahrt.

No. 57. Eigene Melodie.

O du fröhliche, o du selige,
Gnadenbringende Osterzeit!
Welt lag in Banden, Christ ist erstanden:
Freue, freue dich, o Christenheit!

2. O du fröhliche, o du selige,
    Segenbringende Osterzeit!
Tod ist bezwungen, Leben errungen:
    Freue, freue dich, o Christenheit!

3. O du fröhliche, o du selige,
    Lebenbringende Osterzeit!
Kraft ist gegeben, Laßt uns Ihm leben
    Freue, freue dich, o Christenheit!

No. 58. Mel.: Lobt Gott, ihr Christen 2c. (C M.)

Gelobt sei Gott, daß Jesus lebt
    Und auferstanden ist;
Daß Er in unsrer Mitte schwebt
    Und ewig bei uns ist!

2. Ein neues Leben nimmt man hin,
    Entzückt aus Seiner Hand;
Nun ist uns Sterben ein Gewinn,
    Ein Gang zum Vaterland.

3. Der Todesweg, den Er betrat,
    Geht in den Himmel aus,
Und wer nun hört auf Seinen Rath,
    · Kommt auch in's Vaters Haus.

4. Er lebt und Er wird bei uns sein,
    Wenn Alles uns verläßt;
Drum soll Sein Fest für Alle sein:
    Ein Auferstehungsfest.

No 59. Mel.: Wachet auf, ruft uns die Stimme.

Halleluja! jauchzt ihr Chöre, singt Jesu
Christo Lob und Ehre! wie groß, wie
heilig ist Sein Tag! Er, der Held, zerriß
die Banden des Todes und ist auferstan=
den, Er, der für euch im Grabe lag.
Sein ist Gewalt und Macht! Preis Ihm,
Er hat's vollbracht, Er, der die Macht
des Todes und des Grabes brach.

2. Glorreich hat der Held gerungen,
hat mächtig Satans Reich bezwungen,
von Todesketten uns befreit. Wir von
Gott gefall'ne Sünder sind nun mit Ihm
versöhnte Kinder und Erben Seiner Se=
ligkeit. Bald, bald entschlafen wir;
entschlafen, Christe, Dir; ruhn im Frie=
den die kurze Nacht, bis Deine Macht
den Tag der Ewigkeiten ruft.

No. 60. Mel.: Jesus Christus herrscht als König.

Ostern, Ostern, Frühlingswehen,
Ostern, Ostern, Auferstehen
  Aus der tiefen Grabesnacht!
Blumen sollen fröhlich blühen,
Herzen sollen dankbar glühen,
  Denn der Heiland ist erwacht.

2. Der im Grabe lag gebunden,
Hat den Satan überwunden,
    Und der lange Kerker bricht;
Frühling spielet auf der Erden,
Frühling soll's im Herzen werden,
    Herrschen soll das ewge Licht.

3. Alle Schrecken sind entriegelt,
Alle Hoffnung ist versiegelt
    Und beflügelt jedes Herz;
Und es klagt bei keiner Leiche
Nimmermehr der kalte, bleiche,
    Gottverlaßne Heidenschmerz.

4. Alle Gräber sind nun heilig,
Grabestrauer schwindet eilig,
    Seit im Grabe Jesus lag.
Jahre, Monden, Tage, Stunden,
Zeit und Raum, wie schnell entschwunden! .
    Und es scheint ein ewger Tag.

No. 61. O du Liebe, meiner Liebe. (8, 7 e.)

Wärst Du doch bei uns geblieben,
    Lieber, trauter Jesus Christ!
Wollten all' Dich herzlich lieben,
    Weil Du gar zu freundlich bist.
O, wir haben schon vernommen,

Was Dein Mund der Liebe spricht:
„Laß die Kindlein zu mir kommen;
Wehrt mir doch den Kleinen nicht!"

2. Wirst Du denn nicht wiederkehren,
   Unser trauter Jesus Christ?
O, wir wollen fromm Dich ehren,
   Weil Du gar zu freundlich bist!
Wenn Du kommst, die Kindlein eilen
Alle fröhlich hin zu Dir;
Möchten gern bei Dir verweilen,
Jesu, aller Liebe Zier.

No. 62. Mel.: Lobe den Herren, den mächtigen 2c.

Himmlische Pforten, Empfanget den
König der Ehren, Wenn Er zurück in
Sein heiliges Erbe will kehren, Wenn
Er sich hebt Ueber die Wolken und
schwebt Zwischen den seligen Heeren!

2. Sehet: das Lamm, das getragen
die dornige Krone, Das sich gehorsam
ergab zu dem blutigen Lohne, Fähret
empor Im seraphinischen Chor Bis zu
dem göttlichen Throne.

3. Setze, Du König, zur Rechten des
Vaters Dich nieder! Wunderbar klingen

vor Dir nun die himmlischen Lieder! —
Einst, wann besiegt Alles zu Füßen Dir
liegt, Siehet die Erde Dich wieder.

4. Immer und ewig, o Gott, wird
Dein Scepter bestehen, Immer wird
liebliches Wesen zur Seite Dir gehen;
Wer an Dich glaubt, O Du erhöhetes
Haupt, Der wird die Herrlichkeit sehen!

No. 63. Mel.: Ach Gott und Herr.

Zeuch uns nach Dir, So kommen wir
   Mit herzlichem Verlangen
Hin, da Du bist, O Jesu Christ,
   Aus dieser Welt gegangen.

2. Zeuch uns nach Dir, Herr Christ, ach führ
   Uns Deine Himmelsstege;
Wir irrn sonst leicht, Und sind verscheucht
   Vom rechten Lebenswege.

3. Zeuch uns nach Dir, So folgen wir,
   Dir nach in Deinen Himmel,
Daß uns nicht mehr Allhier beschwer
   Das böse Weltgetümmel.

4. Zeuch uns nach Dir, Nur für u. für
   Und gieb, daß wir nachfahren
Dir in Dein Reich, Und mach uns gleich
   Den auserwählten Schaaren.

Nô. 64. Eigene Melodie.

Hin nach oben möcht ich ziehen,
Hin nach meines Vaters Haus;
Wo die ewgen Höhen glühen,
Wo die Himmelsblumen blühen,
:,: Ruhte meine Seele aus. :,:

2. Hätt ich Schwingen, hätt ich Flügel,
   Flög ich auf zu meinem Stern;
Ueber Meere, Thäler, Hügel,
Sonder Schranke, sonder Zügel
   :,: Folgt ich immer meinem Herrn. :,:

3. Still und ſelig mit Marien
   Ihm zu Füßen ſäß ich da;
Immer möcht ich vor Ihm knieen,
In mich Seine Worte ziehen
   :,: Hätt' Ihn immer hold und nah. :,:

4. Ach, das war ein ſchöner Segen,
   Wenn Er mit den Jüngern ging,
Auf den Feldern, auf den Wegen
Jedes Herz mit Maienregen
   :,: Seines Wortes Troſt empfing. :,:

5. Aufgehoben, aufgenommen
   In den Himmel iſt Er nur;
Herrlich wird Er wiederkommen;
Seine Treuen, Stillen, Frommen
   :,: Folgen immer Seiner Spur. :,:

6. Meine Seele gleich der Taube,
　　Die sich birgt im Felsenstein,
Wird der Erde nicht zum Raube:
In den Himmel bringt der Glaube,
　　:,:Meine Lieb und Sehnsucht ein.:,:

7. Will mich denn zufrieden geben,
　　Fassen mich mit stillem Sinn;
All' mein Denken, all' mein Streben,
Meine Lieb und auch mein Leben
　　:,:Geb ich meinem Freunde hin.:,:

---

6 Pfingsten und Trinitatis.

No. 65. Eigene Melodie.

O du fröhliche, o du selige,
　　Gnadenbringende Pfingstenzeit!
Christ, unser Meister, heiligt die Geister;
Freue, freue dich, o Christenheit!

2. O du fröhliche, o du selige,
　　Welterneuende Pfingstenzeit!
Führ, Geist der Gnade, uns Deine Pfade;
Freue, freue dich, o Christenheit!

3. O du fröhliche, o du selige,
　　Seligtröstende Pfingstenzeit!
Uns, die Erlösten, Geist, willst Du trösten;
Freue, freue dich, o Christenheit!

No. 66. Mel.: O Durchbrecher aller ꝛc (8s, 7s.)

Daß es auf der armen Erde,
    Unter Deiner Christenschaar,
Wieder einmal Pfingsten werde,
    Herr, das mache gnädig wahr!
Fache neu der Liebe Flammen
In den kalten Herzen an;
Füge, was entzweit, zusammen,
Daß man Eintracht sehen kann.

2. Mache alle kranken Glieder
    Rüstig, kräftig und gesund.
Laß die erste Liebe wieder
    Einen unsern Christenbund;
Daß bald wieder nur der Eine,
Große, heilge Gottesgeist
Sichtbar sei in der Gemeine,
Welche Christi Kirche heißt.

3. Rüste Deines Geistes Streiter
    Mit des Geistes Waffen aus!
Zieh der Kirche Grenzen weiter,
    Und erfülle Herz und Haus!
Laß in Deinen Christgemeinen
Nah und fern, zu Berg und Thal,
Deines Geistes Macht erscheinen,
Pfingsten werden überall!

No. 67. Mel.: Christus, der ist mein Leben. (7,6.)

Komm an, du sanftes Brausen,
   O Geist, o Gnadenwind!
Das himmlisch süße Sausen
   Erquickt Dein mattes Kind.

2. Komm, Himmels Feuerflamme!
   Verzehre, was nicht Dein,
Daß uns dort nichts verdamme
   Zur Höllenfeuerspein.

3. Komm, Friedenstäublein, bringe
   Den Müden wahre Ruh;
Dein Muth, weil ich hier ringe,
   Bei mir das Beste thu'.

4. Verkläre, Himmelslehrer,
   Du Jesum, lauter, rein,
Laß uns des Wortes Hörer
   Und treue Thäter sein.

No. 68. Eigene Melodie.

Mit tausend Gaben Will Gott uns laben;
Aber Eins weiß ich, Das bet ich fleißig:
Abba! der auch mein Vater heißt,
Abba! gieb mir den Heiligen Geist.

2. Bei allem Spielen Muß ichs ja fühlen:
Ich bin nicht selig, Nicht innig fröhlich,

Wenn nicht mein Herz den Schöpfer preiſt,
Abba! gieb mir den Heiligen Geiſt.

3. Gut iſts viel lernen, Trägheit entfernen,
Aber das Beſte, Das Schönſte, Größte:
Liebe zu Dem, der Jeſus heißt,
Abba! gieb mir den Heiligen Geiſt.

4. O Vater, leite Mein Herz noch heute
Zu Seiner Liebe; Alles zerſtiebe,
Was mich von meinem Heiland reißt,
Abba! gieb mir den Heiligen Geiſt.

No. 69. Eigene Melodie

Heilig, heilig, heilig,
  Singt dem Vater heilig!
Uns hat Seines Wortes Macht
Aus dem Nichts hervorgebracht.

2. Heilig, heilig, heilig,
Singt dem Sohne heilig!
Da das Heil verloren war,
Gab Er Sich zum Opfer dar.

3. Heilig, heilig, heilig,
Singt dem Geiſte heilig!
Der uns durch der Taufe Bad
Von der Sünd befreiet hat.

4. Heilig, heilig, heilig,
Unaussprechlich heilig!
Unser Gott, Dreieinigkeit —
Hochgelobt in Ewigkeit.

No. 70. Herr Jesu Christ, Dich zu uns wend.

Du heilige Dreieinigkeit,
Wir loben Dich in Ewigkeit.
Laß uns nun Dir im Geiste nahn,
Heil, Fried und Segen zu empfahn.

2. O Vater, der Du Deinen Sohn
Zu uns gesandt von Deinem Thron,
Gieb, daß ein jedes hier auf Erd
Zu einem Geiste mit Ihm werd.

3. Herr Jesu, der Du uns erlös't,
Deß unser Herz sich gläubig tröst't,
Ach, blick uns Sünder gnädig an,
Weil Du für uns genug gethan.

4. Bleib ewig unser lieber Herr,
Dem jeder gern zur Freude wär.
Dein Auge leit uns Schritt für Schritt
So folgt uns lauter Segen mit.

5. Gott Heil. Geist, Du höchste Kraft,
Deß Gnade Alles in uns schafft,

Der Du der Gläubgen Leib und Geist
Zu einem Tempel Gottes weih'st!

6. Bewahre uns an Leib und Seel
Vor Sünde und vor jedem Fehl;
Und schmück uns innerlich so schön,
Wie's Jesu Augen gerne seh'n!

No. 71. Eigene Melodie.

Wir glauben all an Einen Gott, Vater,
Sohn und heilgen Geist, Den der Cherubinen Chor Und die Schaar der Engel
preist, Der durch seine große Kraft Alles wirket, thut und schafft.

2. Wir glauben auch an Jesum Christ,
Gottes und Marien Sohn, Der vom
Himmel kommen ist, Und uns führt ins
Himmels Thron, Der uns durch sein
Blut und Tod Hat erlöst aus aller Noth.

3. Wir glauben an den Heilgen Geist,
Der von Beiden gehet aus, Der uns
Trost und Beistand leist Wider alle
Furcht und Graus. Heilige Dreifaltig-
keit, Sei gepreist zu aller Zeit.

No. 72. Mel.: Alles ist an Gottes Segen.

Jesus Christus herrscht als König,
Alles wird Ihm unterthänig,
   Alles legt Ihm Gott zu Fuß!
Jede Zunge soll bekennen:
Jesus sei der Herr zu nennen,
   Dem man Ehre geben muß.

2. Jesus Christus ist der Eine,
Der gegründet die Gemeine,
   Die Ihn ehrt als Kirchenhaupt.
Er hat sie mit Blut erkaufet,
Mit dem Geiste sie getaufet,
   Und sie lebet, weil sie glaubt.

3. Jauchz Ihm, Menge heilger Knechte!
Rühmt, vollendete Gerechte,
   Und du Schaar, die Palmen trägt!
Und du Blutvolk mit der Krone,
Und du Chor vor Seinem Throne,
   Der die Gottesharfen schlägt!

4. Ich auch, auf den tiefsten Stufen,
Ich will glauben, zeugen, rufen,

Ob ich schon noch Pilgrim bin:
Jesus Christus herrscht als König!
Alles sei Ihm unterthänig!
Ehret, liebet, lobet Ihn!

No. 73. Mel.: Vom Himmel hoch. (L. M.)

Kommt, bringet Ehre, Dank und Ruhm
Dem Herrn im höchsten Heiligthum,
Dem Vater, dessen Wort die Welt
Aus Nichts erschuf und noch erhält.

2. Preist Den, der auf dem ewgen Thron,
Allmächtig herrscht, den eingen Sohn,
Der für uns Mensch ward, für uns starb,
Und uns die Seligkeit erwarb!

3. Bringt Ehre Gott dem Heilgen Geist,
Der uns den Weg zum Himmel weist;
Der uns mit Licht und Tugend schmückt
Und uns mit Seinem Trost erquickt.

4. Hochheilige Dreieinig'eit,
Dir sei hienieden in der Zeit,
Noch herrlicher in Ewigkeit,
Anbetung, Preis und Dank geweiht!

III. Wort und Sakrament.

———o———

1. Das Wort Gottes.

No. 74. Mel: Es ist das Heil uns kommen her.

Dein Wort, o Herr, laß allweg sein Die
Leuchte unsern Füßen, Erhalt es bei
uns klar und rein; Hilf, daß wir draus
genießen: Kraft, Rath und Trost in
aller Noth, Daß wir im Leben und im
Tod Beständig darauf trauen.

2. Gott Vater, laß zu Deiner Ehr
Dein Wort sich weit ausbreiten! Hilf,
Jesu, daß uns Deine Lehr Erleuchten
mög und leiten! O heilger Geist, Dein
göttlich Wort Laß in uns wirken fort und
fort, Glaub, Lieb, Geduld und Hoffnung!

No. 75. O du Liebe, meiner Liebe. (8, 7 s.)

Herr, Dein Wort, die edle Gabe, Dieses Gold erhalte mir; Denn ich zieh es
aller Habe Und dem größten Reichthum
für. Wenn Dein Wort nicht mehr soll
gelten, Worauf soll der Glaube ruhn?
Mir ists nicht um tausend Welten, Sondern um Dein Wort zu thun.

2. Hallelujah! Ja und Amen! Herr,
Du wollest auf mich sehn, Daß ich mög
in Deinem Namen Fest bei Deinem
Worte stehn. Laß mich eifrig sein be=
flissen, Dir zu dienen früh und spat,
Und zugleich zu Deinen Füßen Sitzen,
wie Maria that.

No. 76. Mel.· Holy Bible, book divine. (7s.)

Heilge Bibel, himmlisch rein,
Höchster Reichthum, Du bist mein!
Du erschließest meinem Sinn,
Wer, woher, und was ich bin.

2. Du zeigst meinen Irrthum mir,
Lehrst mich Jesu Liebe hier;
　　Du bist meines Fußes Leucht,
　　Führer, der nach oben zeigt.

3. Süße Trösterin im Leid,
Sichrer Port, wenn Sturm mir dräut,
　　Starker Anker in der Noth,
　　Führerin durch Grab und Tod.
4. Schlüssel zu der Himmelspfort,
Und den ewgen Freuden dort,
　　Heilge Bibel, göttlich rein,
　　Höchster Reichthum, du bist mein!

No. 77. Mel : Nun sich der Tag geendet. (C. M.

Wie schöne Züge hebet mir
　Mein Bibelbuch hervor
Von Kindern, welche mit Begier
　Der Wahrheit liehn ihr Ohr!

2. Mein Jesus, welcher königlich
　Regiert der Welten Zahl,
War einst ein Kind, so jung als ich,
　Und that, was Gott befahl.

3. Im zwölften Jahr war Sein Verstand
　Ein Wunder Jedermann;
Doch folgte Er der Mutter Hand,
　Und war ihr unterthan.

4. Die Kinder riefen Davids Sohn
　Ein Hosianna nach;
Die Schriftgelehrten sprachen Hohn,
　Und nannten Ihn mit Schmach.

5. Der Knabe Samuel kam dort,
　Zu dienen Gott dem Herrn;
Timotheus las Gottes Wort
　In seiner Jugend gern.

6. Sollt ich in s p ä t e r Zeit erst thun,
　Was Andre f r ü h gethan?
Nein, ich will keinen Tag mehr ruhn:
　Noch heut fang ich an!

No. 78. Mel.: Mein Gott, das Herz ꝛc. (C.M.)

Auf einem Berg ein Bäumlein stand,
  Von goldnen Früchten schwer;
Man konnte es im ganzen Land
  Erblicken weit umher.

2. Es kamen Viele spät und früh
  Die Schätze hier gesucht;
Sie schüttelten daran mit Müh
  Und sammelten viel Frucht.

3. Doch nimmt der Reichthum nimmer ab,
  Das Bäumlein wird nicht leer;
Fällt gleich so manche Frucht herab,
  Es wachsen andre mehr.

4. Wie heißt das Bäumlein, und wo stehts,
  Auf dieser Erde Raum?
Wer hats gesehn? und wer erräths?
  Die Bibel ist der Baum.

No. 79. Mel.: Herr Jesu Christ, Dich ꝛc (L.M.)

Du lieber Herre Jesu Christ,
Des Vaters ewig Wort Du bist,
Du hast aus Seinem Schooß gebracht
Das Wort, welches uns selig macht.

2. Du hast erwählt und ausgesandt
Deine Diener in alle Land,

Auch zu uns noch auf diesen Tag,
Dir sei drum Lob und Preis gesagt.

3. Wir bitten Dich, nach Deinem Wort,
Du bist beim Vater stets gehört,
Gib, daß sie in der Wahrheit Dein,
Wie Du mit Ihm stets einig sein.

4. Lehr uns kommen zur wahren Buß,
Durch Dich werden von Sünden los,
Regier uns All mit Deinem Geist,
Und sei in Ewigkeit gepreist.

No. 80. Mel.: Herr Jesu Christ, Dich ⁊c. (L. M.)

Herr Gott, erhalt uns für und für
Die reine Katechismuslehr.
Der jungen einfältigen Welt
Durch Deinen Luther vorgestellt.

2. Daß wir lernen die zehn Gebot,
Beweinen unsre Sünd und Noth,
Und doch an Dich und Deinen Sohn
Glauben im Geist erleuchtet schon;

3. Dich unsern Vater rufen an,
Der Allen helfen will und kann,
Daß wir als Kinder nach der Tauf
Christlich vollbringen unsern Lauf;

4. So Jemand fällt, nicht liegen bleib,
Sondern in Buße komm und gläub:
Zur Stärkung nehm das Sakrament;
Amen, Gott geb ein ſeligs End!

---

2. Miſſion.

No. 81. Mel.: Jeſus, meine Zuverſicht.

Jeſus nimmt die Sünder an,
　Saget doch dies Troſtwort Allen,
Welche von der rechten Bahn
　Auf verkehrten Weg verfallen.
Hier iſt, was ſie retten kann:
Jeſus nimmt die Sünder an.

2. Wenn ein Schaf verloren iſt,
　Suchet es ein guter Hirte;
Jeſus, der uns nie vergißt,
　Suchet treulich das Verirrte,
Daß es nicht verderben kann:
　Jeſus nimmt die Sünder an.

3. Jeſus nimmt die Sünder an,
　Er hat mich auch angenommen,
Und den Himmel aufgethan,
　Daß ich ſelig zu Ihm kommen
Und auf den Troſt ſterben kann:
Jeſus nimmt die Sünder an!

No. 82. Mel.: Wie groß ist des Allmächtigen Güte.

O, daß doch bald Dein Feuer brennte,
　Du unaussprechlich Liebender!
Und bald die ganze Welt erkennte,
　Daß Du bist König, Gott und Herr!
Zwar brennt es schon in heller Flamme
　Jetzt hier, jetzt dort in Ost und West,
Dir, dem aus Lieb erwürgten Lamme,
　Ein herrlich Pfingst- und Freudenfest.

2. Erwecke, läutre und vereine
　Des ganzen Christenvolkes Schaar,
Und mach in Deinem Gnadenscheine
　Dein Heil noch Jedem offenbar!
Schmelz Alles, was sich trennt, zusammen
　Und baue Deinen Tempel aus;
Laß leuchten Deine heilgen Flammen
　Durch Deines Vaters ganzes Haus.

3. Beleb, erleucht, erwärm, entflamme
　Doch bald die ganze weite Welt,
Und zeig Dich jedem Völkerstamme
　Als Heiland, Friedefürst und Held!
Dann tönen Dir von Millionen
　Der Liebe Jubel-Harmonien,
Und Alle, die auf Erden wohnen,
　Knien vor dem Thron des Lammes hin

No. 83. Mel.: Wachet auf, ruft uns die Stimme.

Dankt dem Herrn, der Muth und Stärke
Den Boten giebt zum großen Werke; Er
lebt noch, unsrer Väter Gott! Ferne in
Tahitis Zonen, Die Völker, die am
Ganges wohnen, Das Kind des Pols,
der Hottentot — Sie hören allzumal
Des süßen Wortes Schall: „Gott ist die
Liebe!" Und Lust und Kraft zum Guten
schafft Dies süße Wort allüberall.

2. Bruderlieb und keusche Sitte
Dringt in des rauhen Wilden Hütte,
Der Mordstahl sinkt aus seiner Hand,
Dir, dem Gott der Liebe, fallen Nicht
Menschenopfer mehr, es wallen Nicht
Büßer mehr durch Gluth und Brand.
Hell wird des Blinden Blick; Sie beben
nicht zurück Mehr vorm Vater, Der in
dem Sohn, Von Seinem Thron, Den
Sünder Gnad um Gnade beut.

No 84. Eigene Melodie.

Die Sach ist Dein, Herr Jesu Christ,
    Die Sach, an der wir stehn;
Und weil es Deine Sache ist,
    Kann sie nicht untergehn.

Allein das Weizenkorn, bevor
Es fruchtbar sproßt zum Licht empor,
Muß sterben in der Erde Schooß
Zuvor vom eignen Wesen los,
    Durch Sterben los,
    Vom eignen Wesen los.

2. Du gingst, o Jesu, unser Haupt,
    Durch Leiden himmelan,
Und führest Jeden, der da glaubt,
    Mit Dir die gleiche Bahn.
Wohlan, so nimm uns allzugleich
Zum Theil am Leiden und am Reich;
Führ uns durch Deines Todes Thor
Sammt Deiner Sach zum Licht empor!
    Zum Licht empor,
    Durch Nacht zum Licht empor.

3. Du starbest selbst als Weizenkorn
    Und sankest in das Grab;
Belebe denn, o Lebensborn,
    Die Welt, die Gott Dir gab.
Send Boten aus in jedes Land,
Daß bald Dein Name werd bekannt,
Dein Name voller Seligkeit;
Auch wir stehn Dir zum Dienst bereit
    In Kampf und Streit,
    Zum Dienst in Kampf und Streit.

No. 85. Mel.: Herr Jeſu Chriſt, Dich ꝛc. (L.M.)

O Jeſu Chriſte, wahres Licht,
Erleuchte, die Dich kennen nicht,
　Und bringe ſie zu Deiner Heerd,
　Daß ihre Seel' auch ſelig werd!

2. Erfüll mit Deinem Gnadenſchein
Die in Irrthum verführet ſein,
　Auch die, ſo heimlich noch ficht an
　In ihrem Sinn ein falſcher Wahn.

3. Und was ſich ſonſt verlaufen hat
Von Dir, das ſuche Du mit Gnad,
　Verwundete Gewiſſen heil,
　Laß ſie am Himmel haben Theil.

4. Den Tauben öffne das Gehör,
Die Stummen richtig reden lehr,
　Die nicht bekennen wollen frei
　Was ihres Herzens Glaube ſei.

5. Erleuchte, die da ſind verblend't,
Bring her, die ſich von uns getrennt,
　Verſammle, die zerſtreuet gehn,
　Mach feſte, die im Zweifel ſtehn.

6. So werden ſie mit uns zugleich
Auf Erden und im Himmelreich.
　Hier zeitlich und dort ewiglich,
　Für ſolche Gnade preiſen Dich.

No. 86. Mel.: Meinen Jesum laß ich nicht.

Eine Heerde und ein Hirt! Wie wird
dann dir sein, o Erde, Wenn Sein Tag
erscheinen wird? Freue dich, du kleine
Heerde; Mach dich auf und werde Licht!
Jesus hält, was Er verspricht.

2. Hüter, ist der Tag noch fern?
Schon ergrünt es auf den Weiden, Und
die Herrlichkeit des Herrn Nahet däm-
mernd sich den Heiden; Blinde Pilger
flehn um Licht. Jesus hält, was Er
verspricht.

3. Komm, o komm, getreuer Hirt,
Daß die Nacht zum Tage werde! Ach
wie manches Schäflein irrt Fern von
Dir und Deiner Heerde. Kleine Heerde
zage nicht! Jesus hält, was Er verspricht.

4. O des Tags der Herrlichkeit! Jesus Christus, Du, die Sonne, Und auf
Erden weit und breit Licht und Wahrheit, Fried und Wonne! Mach dich auf
und werde Licht! Jesus hält, was Er
verspricht.

No. 87. Mel.: Befiehl du deine Wege. (7 s, 6 s.)

Der Du zum Heil erschienen
 Der allerärmsten Welt,
Und von den Cherubinen
 Zu Sündern Dich gesellt,
Den sie mit frechem Stolze
Verhöhnt für Seine Huld,
Als Du am Marterholze
Versöhntest ihre Schuld;

2. Damit wir Kinder würden,
 Gingst Du vom Vater aus,
Nahmst auf Dich unsre Bürden
 Und bautest uns ein Haus.
Von Westen und von Süden.
Vom Morgen ohne Zahl,
Sind Gäste nun beschieden
Zu Deinem Abendmahl.

3. Es kann nicht Ruhe werden,
 Bis Deine Liebe siegt,
Bis dieser Kreis der Erden
 Zu Deinen Füßen liegt;
Bis Du im neuen Leben
Die ausgesöhnte Welt
Dem, der sie Dir gegeben,
Vors Angesicht gestellt.

3. Taufe und Confirmation.

No. 88. Mel.: O Durchbrecher aller 2c. (8s, 7s.)

Laßt die Kindlein zu Mir kommen!
  Ruft der große Gottessohn,
Mit dem Blick voll Lieb entglommen,
  Mit dem süßen Freudenton.
Hört! euch ruft die ewge Liebe,
Kinder, eilet Ihm ans Herz!
Wenn nur Eins Ihm fremde bliebe,
Ach! Ihm wärs ein bittrer Schmerz.

2. Ja, ich will zu Jesu kommen,
  Kinderfreund! hier siehst Du mich.
Ach, so liebreich aufgenommen,
  Schmieget sich Dein Kind an Dich.
O wie süß ist Dein Umfangen!
Huldreich blickst Du niederwärts,
Mit dem freundlichen Verlangen:
Gieb, mein Kind! gieb Mir dein Herz.

3. Ja, ich will mein Herz Dir geben;
  Nimm es Dir zu eigen hin!
Dein zu sein und Dir zu leben:
  Darnach steht mein ganzer Sinn.
Komm, die Hand mir aufzulegen,
Segensfreund! und segne mich.
O, wen Du erquickst mit Segen,
Ist gesegnet ewiglich.

No. 89. Eigene Melodie. (L. M.)

Gott sprach zu dir, du Kindlein klein:
Ich will dein Gott und Vater sein;
Ruf du zu Ihm: O Vater mein!
Ich will Dein treues Kind auch sein.

2. Gott sprach zu dir, du Kindlein klein:
Ich will dein Herr und Heiland sein.
Ruf du zu Ihm: O Heiland mein!
Ich will Dein Knecht und Diener sein.

3. Gott sprach zu dir, du Kindlein klein:
Ich will dein Licht und Tröster sein.
Ruf du zu Ihm: O Tröster mein!
Ich will Dein heilge Wohnung sein.

4. So sprach Gott in der Taufe dein,
So ruf du stets im Leben dein
Betracht es wohl, du Kindlein klein,
Wann zum Verstand wirst kommen sein.

No. 90. Mel.: Wer nur den lieben Gott läßt 2c.

Ich bin getauft auf Deinen Namen,
    Gott Vater, Sohn und Heilger Geist!
Ich bin gezählt zu Deinem Samen,
    Zum Volk, das Dir geheiligt heißt.
Ich bin in Christum eingesenkt;
Ich bin mit Seinem Geist beschenkt.

2. Du hast zu Deinem Kind und Erben,
  Mein lieber Vater, mich erklärt.
Du hast die Frucht von Deinem Sterben,
  Mein treuer Heiland, mir gewährt.
Du willst in aller Noth und Pein,
O guter Geist, mein Tröster sein.

3. Mein treuer Gott, auf Deiner Seite
  Bleibt dieser Bund wohl feste stehn;
Wenn aber ich ihn überschreite,
  So laß mich nicht verloren gehn:
Nimm mich, Dein Kind, zu Gnaden an,
Wenn ich hab einen Fall gethan.

4. Ich gebe Dir, mein Gott, aufs Neue
  Leib, Seel und Herz zum Opfer hin;
Erwecke mich zu neuer Treue
  Und nimm Besitz von meinem Sinn.
Es sei in mir kein Tropfen Blut,
Der nicht, Herr, Deinen Willen thut.

No. 91. Mel.: O Gott, Du frommer Gott.

Laß mich, o treuer Gott, Dein liebes
Schäflein bleiben, Laß mich von Deiner
Heerd Ja nimmermehr vertreiben; Gieb
mir zu aller Zeit Das werthe Lebens=
wort, Das meine Seel erquickt Und
bringt zur Himmelspfort.

2. Gieb, daß mein Herz und Sinn
Von Dir nicht möge wanken, Erhalte
mich allein In Deines Wortes Schran-
ken, Verleihe mir im Kreuz Und Tod
Beständigkeit, Daß ich Dich loben mag
In aller Ewigkeit.

No. 92. Eigene Melodie.

Hier kommen Deine Bundesglieder;
　O Haupt, nimm uns erbarmend an.
Schau mild auf Deine Schäflein nieder,
　O Hirte, dem wir betend nahn.

2. So arm und schwach und voller Sünden
　Stehn wir vor Deinem Angesicht;
Ach, laß uns Trost und Gnade finden
　Und geh nicht mit uns ins Gericht.

3. Den Segensbund jetzt zu erneuen
　Der Lieb und Treu bis in den Tod,
Erflehn Dein segnendes Gedeihen
　Voll Inbrunst wir, Dreieinger Gott.

4. Verleih uns Glaube, Hoffnung, Liebe,
　Erhalt und mehre Deine Gnad,
Und heilge alle unsre Triebe
　Und leit uns auf dem schmalen Pfad.

5. Und endlich führ uns als die Deinen
    Gesegnet ein zur ewgen Ruh;
Laß uns zur Rechten dort erscheinen,
    O sprich Dein „Amen," Herr, dazu.

No. 93. Eigene Melodie.

Sei getreu bis in den Tod!
Sei getreu bis in den Tod!
Seele, laß dich keine Plagen
Von dem Kreuze Jesu jagen;
    Leide willig alle Noth.
    Sei getreu bis in den Tod.

2. Sei getreu bis in den Tod!
Wer recht kämpfet, wird gekrönet,
Ob ihn gleich die Welt verhöhnet;
    Iß getrost dein Thränenbrod:
    Sei getreu bis in den Tod!

4. Sei getreu bis in den Tod!
Siehst du nicht die Krone glänzen?
Schwinge dich nach jenen Grenzen,
    Wo das Lamm die Hand dir bot:
    Sei getreu bis in den Tod!

5. Nun, ich will bis in den Tod,
Dir, o Jesu, treu verbleiben;
Du wirst mir ins Herze schreiben,
    Was Dein treuer Mund gebot:
    Sei getreu bis in den Tod!

No. 94. Mel.: Befiehl du deine Wege.

Laß, Herr, die heilge Stunde
  Uns unvergeßlich sein,
Das Wort aus unsrem Munde
  Nie treulos uns entweihn.
Hilf Du ihn uns bewahren,
Den neubestärkten Bund,
Schütz Du uns in Gefahren,
In der Versuchung Stund.

2. Das sehnsuchtsvolle Flehen
  Das an Dein Herz sich drängt,
Wird Dein Herz nicht verschmähen,
  Das sich uns ganz geschenkt.
Wir wollen keinen Frieden
Wie diese Welt ihn hat,
Nein, von ihr bleib geschieden
Gedanke, Wort und That.

3. O Liebe, Licht und Leben,
  Flöß uns das Trostwort ein:
Die Sünde ist vergeben
  Und Du bist ewig mein.
Aus den durchbohrten Händen
Ström uns Dein Segen zu,
Laß alle Angst verschwinden
Und gieb den Müden Ruh!

4. Getreuer Heiland, binde
So fest uns an Dein Herz.
Laß keins sich Dir entwinde,
In Freude oder Schmerz.
Voll Wahrheit und voll Gnade
Blick stets auf uns herab,
Leit auf dem schmalen Pfade
Uns bis ans stille Grab!

---

4. Gebet und Glauben.

No. 95. Mel.: Christus, der ist mein Leben.

Gott, Deine Kinder treten
Mit Freuden zu Dir hin;
Sie stammeln und sie beten,
Du kennst der Worte Sinn.

2. O Gott, der in den Höhen
Und in den Tiefen wohnt,
Laß kindlich uns verstehen,
Was überschwänglich lohnt!

3. Gieb Kindes=Herz und Worte
Bei Kindesfreudigkeit.
Daß sich des Himmels Pforte
Uns öffne jederzeit!

No. 96. Mel.: Nun sich der Tag geendet. (C.M.)

Mein Gott, das Herz ich bringe Dir
 Zur Gab und zum Geschenk.
Du forderst solches Selbst von mir,
 Deß bin ich eingedenk.

2. „Gib Mir, Mein Kind, dein Herz!"
 sprichst Du,
 „Das ist mir lieb und werth.
Du findest doch nicht anders Ruh
 Im Himmel und auf Erd!"

3. Nun, o mein Vater, nimm es an,
 Mein Herz, veracht es nicht!
Ich gebs so gut ichs geben kann;
 Kehr zu mir Dein Gesicht!

4. Schenk, Jesu, mir nach Deiner Huld
 Gerechtigkeit und Heil!
Du trugst ja meine Sündenschuld
 Und meiner Strafe Theil.

5. O Heilger Geist, nimm Du auch mich
 In die Gemeinschaft ein;
Ergieß um Jesu willen Dich
 Tief in mein Herz hinein!

6. Dreieiner Gott, Dir geb ich's hin;
   Dieß Herz, hier in der Zeit.
O laß es Deine Wohnung sein
   In alle Ewigkeit.

No. 97. Mel.: Guide me, O Thou great. (8,7s.)

Führe mich, o Gott Jehovah,
   Pilgernd durch dies öde Land,
Ich bin schwach, doch Du bist mächtig;
   Halte mich mit starker Hand!
Oeffne die krystallne Quelle,
Der die Lebensfluth entspringt,
Sei Du meine Feuersäule,
Die mich durch die Wüste bringt.

2. Speise mich mit Himmelsmanna
   In dem Elend dieser Zeit,
Sei mein Schwert, mein Schild u. Banner
   Sonne der Gerechtigkeit!
Komm ich zu des Jordans Fluthen,
Sprich Du Trost und Muth mir ein
Tod des Todes, Gift der Hölle,
Laß mich bald geborgen sein.

No. 98. Mel.: Wer nur den lieben Gott 2c.

Ich habe nun den Grund gefunden,
   Der meinen Anker ewig hält;
Wo anders, als in Jesu Wunden?

Da lag er vor der Zeit der Welt,
Der Grund, der unbeweglich steht,
Wenn Erd und Himmel untergeht.

2. Es ist das ewige Erbarmen,
   Das alles Denken übersteigt;
Es sind die offnen Liebesarme
   Deß, der sich zu dem Sünder neigt,
Dem allemal das Herze bricht,
Wir kommen oder kommen nicht.

3. Bei diesem Grunde will ich bleiben,
   So lange mich die Erde trägt;
Das will ich denken, thun und treiben
   So lange sich ein Glied bewegt;
So sing ich einstens höchst erfreut:
O Abgrund der Barmherzigkeit!

No. 99. Eigene Melodie.

Es ist noch Raum!
Sein Haus ist noch nicht voll,
   Sein Tisch ist noch zu leer;
      Der Platz ist da,
      Wo jeder sitzen soll;
   Bringt Seine Gäste her!
Geht, nöthigt sie auf allen Straßen!
   Der Herr hat viel bereiten lassen;
      Da ist noch Raum.

2.   Es ist noch Zeit!
  Die Liebe rufet noch,
  Noch gehen Diener aus;
    O Stadt, o Land,
    O eilet heute noch
  Ins große Vaterhaus!
Noch ist die Thüre nicht verschlossen,
Die Gnadenzeit noch nicht verflossen;
    Es ist noch Zeit.

3.   Doch es ist Zeit!
  Die Stunden folgen schnell
  Es geht auf Mitternacht,
    Bald schlägt es voll;
    Und drüben schimmerts hell;
  Ihr Jungfrauen erwacht!
Der Bräutigam erscheint von weitem;
Auf, auf, die Lampen zu bereiten!
    Auf, es ist Zeit!

No. 100. Eigene Melodie.

Wer nur den lieben Gott läßt walten
  Und hoffet auf Ihn allezeit,
Den wird Er wunderlich erhalten
  In aller Noth und Traurigkeit;
Wer Gott dem Allerhöchsten traut,
Der hat auf keinen Sand gebaut.

2. Was helfen uns die schweren Sorgen,
    Was hilft uns unser Weh und Ach,
Was hilft es, daß wir alle Morgen
    Beseufzen unser Ungemach?
Wir machen unser Kreuz und Leid
Nur größer durch die Traurigkeit.

3. Sing, bet und geh auf allen Wegen,
    Verricht das Deine nur getreu,
Und trau des Himmels reichem Segen,
    So wird er bei dir werden neu;
Denn welcher seine Zuversicht,
Auf Gott setzt, den verläßt Er nicht.

No. 101. Mel.: O Durchbrecher aller Bande. (8,7s.)

Lieber Vater, hoch im Himmel,
    Merk auf Deines Kindes Flehn,
Laß mich heut und alle Tage,
    Herr in Deinem Segen stehn.
Meine Sonn ist Deine Gnade
Und Dein Wort der Himmelsthau,
Der mich nähret und erquicket
Gleich der Blume auf der Au.

2. Alles hast Du ja in Händen
    Und Du weißt, was mir gebricht;
O so gib aus Deiner Fülle,
    Gib mir, Herr, von Deinem Licht.

Mög Dein Geist mich stets regieren,
Lehre mich gehorsam sein;
Führe mich auf Deinen Wegen,
Herr, in Deinen Himmel ein!

No. 102. Mel.: O, daß ich tausend Zungen 2c.

Ich will Dich lieben, meine Stärke,
  Ich will Dich lieben, meine Zier,
Ich will Dich lieben mit dem Werke
  Und immerwährender Begier.
Ich will Dich lieben, schönstes Licht,
Bis mir zuletzt das Herze bricht.

2. Erhalte mich auf Deinen Stegen
  Und laß mich nicht mehr irre gehn;
Laß meinen Fuß in Deinen Wegen
  Nicht straucheln oder stille stehn.
Erleucht mir Leib und Seele ganz.
Du reiner, starker Himmelglanz.

3. Ich will Dich lieben, meine Krone,
  Ich will Dich lieben, meinen Gott;
Ich will Dich lieben ohne Lohne,
  Auch in der allergrößten Noth;
Ich will Dich lieben, schönstes Licht,
Bis mir das Herz im Tode bricht.

No. 103. Mel.: Allein Gott in der Höh sei Ehr.

Ich laß Dich nicht, Du segnest, Herr,
    Mich hier zu Deinen Füßen!
Ob Finsterniß auch ringsumher
    Und alle Wogen fließen.
Ob ganze Welt mich rufet fort,
Ich harre aus an Kreuzes Ort,
Bis Du mich hast gesegnet!

2. Ich laß Dich nicht, wenn Du auch, Herr,
    In Angst mich müßtest lassen,
Und wegen meiner Sünden Heer
    Mich ewig fliehn und hassen.
Ich laß Dich nicht, ich folg Dir nach,
Und schreie zu Dir Nacht und Tag:
Du wollst Dich mein erbarmen!

3. Ich laß Dich nicht, mein Gott u. Herr,
    Wer soll denn sonst hier retten?
Zu mächtig braust der Trübsal Meer,
    Zu stark sind Sündenketten.
All Macht und Kunst wird da zu Schand,
Wieviel sie sonst auch bringt zu Stand,
Gott kann allein hier helfen!

No. 104. Mel.: O, daß ich tausend Zungen 2c.

Mir ist Erbarmung widerfahren,
    Erbarmung, deren ich nicht werth!
Das zähl ich zu dem Wunderbaren;

Mein stolzes Herz hats nie begehrt:
Nun weiß ich das und bin erfreut,
Und rühme die Barmherzigkeit.

2. Dies laß ich kein Geschöpf mir rauben,
  Dies soll mein einzig Rühmen sein,
Auf dies Erbarmen will ich glauben,
  Auf dieses bet ich auch allein,
Auf dieses duld ich in der Noth,
Auf dieses hoff ich noch im Tod.

3. Gott, der Du reich bist an Erbarmen,
  Nimm Dein Erbarmen nicht von mir,
Und führe durch den Tod mich Armen,
  Durch meines Heilands Tod zu Dir,
Da bin ich ewig recht erfreut,
Und rühme die Barmherzigkeit.

IV. Allgemeine Jesuslieder.

——o——

No. 105. Eigene Melodie.

Schönster Herr Jesu,
  Herrscher aller Erden,
Gottes und Mariens Sohn!
  Dich will ich lieben,
  Dich will ich ehren,
Du meine einzige Freud und Kron.

2. Schön sind die Wälder,
    Schöner sind die Felder
In der schönen Frühlingszeit;
    Jesus ist schöner,
    Jesus ist reiner,
Der unser trauriges Herz erfreut.

3. Schön scheint der Monden,
    Schöner leucht't die Sonne,
Und die Sternlein allzumal:
    Jesus leucht't schöner,
    Jesus glänzt reiner,
Als all die Engel im Himmelssaal.

No 106. Eigene Melodie.

Ich weiß einen Lieben,
    Gesandt vom lieben Gott;
    Den hat sein Herz getrieben
    Zu mir in meiner Noth :,:
        Den hat sein Herz getrieben
        Zu mir in meiner Noth.

2. Ich hab Ihn betrübet,
Ach, gar zu oft und schwer,
Und doch hat Er geliebet
Mich Armen nur noch mehr.

3. Er sah meine Reue,
Er kannte meinen Schmerz,

Vergab mir stets aufs Neue
Und tröstete mein Herz.

4. Drum hab ich mein Leben
Ganz seinem Dienst geweiht;
Er wird ein Heil mir geben,
Das ewig mich erfreut.

5. O nenne den Namen,
Sag, wer der Treue ist! —
Er heißet „Ja und Amen,"
Er heißet Jesus Christ.

No. 107. Eigene Melodie.

Ich bete an die Macht der Liebe,
    Die sich in Jesu offenbart;
Ich geb mich hin dem freien Triebe,
    Wodurch ich Wurm geliebet ward.
Ich will, anstatt an mich zu denken,
Ins Meer der Liebe mich versenken.

2. Für Dich sei ganz mein Herz u. Leben,
    Mein süßer Gott und all mein Gut:
Für Dich hast Du mirs nur gegeben;
    In Dir es nur und selig ruht.
Hersteller meines schweren Falles,
Für Dich sei ewig Herz und Alles..

3. Ehr sei dem hohen Jesus=Namen;
   In dem der Liebe Quell entspringt,
Von dem hier alle Bächlein kamen,
   Aus dem der Selgen Schaar dort trinkt;
Wie beugen sie sich ohne Ende,
Wie falten sie die frohen Hände!

4. O Jesus, daß Dein Name bliebe
   Im Grunde tief gedrücket ein;
Möcht Deine süße Jesusliebe
   In Herz und Sinn gepräget sein!
Im Wort, im Werk und allem Wesen
Sei Jesus und sonst nichts zu lesen!

No. 108. Mel.: Wer nur den lieben Gott 2c.

Der beste Freund ist in dem Himmel,
   Auf Erden sind die Freunde rar:
Denn bei dem falschen Weltgetümmel
   Ist Redlichkeit oft in Gefahr.
Drum hab ichs immer so gemeint:
Mein Jesus ist der beste Freund!

2. Die Menschen sind wie eine Wiege,
   Mein Jesus stehet felsenfest,
Daß, wenn ich gleich darniederliege,
   Mich Seine Freundschaft doch nicht läßt.
Er ists, der mit mir lacht und weint:
Mein Jesus ist der beste Freund!

3. Er läßt Sich selber für mich tödten,
 Vergißt für mich Sein eigen Blut;
Er steht mir bei in allen Nöthen,
 Er spricht für meine Schulden gut;
Er hat mir niemals was verneint:
Mein Jesus ist der beste Freund!

4. Mein Freund, der mir Sein Herze giebet,
 Mein Freund, der mein u. ich der Sein;
Mein Freund, der mich beständig liebet,
 Mein Freund bis in das Grab hinein.
Ach, hab ichs nun nicht recht gemeint?
Mein Jesus ist der beste Freund!

No. 109. Mel: Amerika. (6 s., 4 s.)

Großer Immanuel, Siegesfürst, Lebens-
quell, mächtigster Held! nichts bin ich
ohne Dich: darum erhöre mich, schütze
mich gnädiglich vor Sünd und Welt!

2. Satan begehret mein, will in mein
Herz hinein, mich von Dir ziehn: aber
wenn Du, Herr Christ, nur nur zur Seite
bist, hilft ihm all seine List nichts, er
muß fliehn.

3. Bleib ich nur Dir, o Herr, für mich
Gekreuzigter! ewiglich treu, halt ich nur

unverwandt bis an des Grabes Rand
Deine durchbohrte Hand; dann bin ich
frei.

4. Frei von der Sünde Last, die Du
getragen hast, los aller Pein; frei dann
vom eitlen Sinn wall ich zur Heimath
hin. Sterben ist mein Gewinn; denn
Du bist mein.

No. 110. Eigene Melodie.

Wir haben einen Hirten,
　Und der hat uns so lieb;
Das Elend der Verirrten
　:,: Ihn auf die Erde trieb. :,:

2. Daß wir den Heiland finden,
　Ergriff uns Seine Hand;
Sonst ging es uns wie Blinden
　:,: In einem fremden Land. :,:

3. Er will uns treu bewahren,
　Der treue Kinderfreund;
Wir sollen einst erfahren,
　:,: Wie gut er es gemeint. :,:

4. Wir preisen Dein Erbarmen,
　Du treues Hirtenherz!
Halt uns in Deinen Armen
　:,: Und führ uns himmelwärts. :,:

No. 111. Mel.: Walte, walte nah u. fern (7 s.)

Nun so bleibt es fest dabei,
Daß ich Jesu eigen sei.
Welt und Sünde, fahret hin!
Nur nach Jesu steht mein Sinn.

2. Jesus ist mein höchstes Gut,
Denn er gab Sein theures Blut
Auch für mich verlornes Kind,
Daß mein Glaube Gnade find.

3. Herr, ich hang allein an Dir.
Nimm nur Alles selbst von mir,
Was Dir nicht gefällig ist,
Weil Du doch mein Alles bist.

4. Amen! ja, Du hörest mich,
Und ich Armer lobe Dich;
Ja, zum Voraus werd ich schrein:
„Jesus wird mein Helfer sein!"

No. 112. Eigene Melodie.

Seelenbräutigam, Jesu Gottes Lamm,
Habe Dank für Deine Liebe, Die mich
zieht aus reinem Triebe Von der Sünden Schlamm, Jesu Gottes Lamm.

2. Deine Liebesgluth Stärket Muth und Blut; Wenn Du freundlich mich anblickest Und an Deine Brust mich drückest, Macht mich wohlgemuth Deiner Liebe Gluth.

3. Wahrer Mensch und Gott, Trost in Noth und Tod, Du bist darum Mensch geboren, Zu ersetzen, was verloren, Durch Dein Blut so roth, Wahrer Mensch und Gott.

4. Meines Glaubens Licht Laß verlöschen nicht, Salbe mich mit Freudenöle, Daß hinfort in meiner Seele Ja verlösche nicht Meines Glaubens Licht!

No 113. Mel: Wachet auf, ruft uns die Stimme.

Heiligster Jesu, Heilgungsquelle, Mehr als Krystall rein, klar und helle, Du lautrer Strom der Heiligkeit! Aller Glanz der Cherubinen Und Heiligkeit der Seraphinen Ist gegen Dir nur Dunkelheit. Ein Vorbild bist Du mir, Ach, bilde mich nach Dir, Du mein Alles! Jesu, Jesu, Hilf mir dazu, Daß ich mag heilig sein wie Du.

2. O stiller Jesu, wie Dein Wille
Dem Willen Deines Vaters stille Und
bis zum Tod gehorsam war: Also mach
auch gleichermaßen Mein Herz und Wil=
len Dir gelassen; Ach, stille meinen Wil=
len gar. Mach mich Dir gleichgesinnt,
Wie ein gehorsam Kind, Stille, stille,
Jesu, Jesu, Hilf mir dazu, Daß ich sein
stille sei wie Du.

No. 114. Mel: Wachet auf, ruft uns die Stimme.

Einer ists, an Dem wir hangen,
Der für uns in den Tod gegangen
    Und uns erkauft mit Seinem Blut:
Unsre Leiber, unsre Herzen
Gehören Dir, Du Mann der Schmerzen;
    In Deiner Liebe ruht sichs gut!
Nimm uns zum Eigenthum,
Bereite Dir zum Ruhm Deine Kinder!
Verbirg uns nicht das Gnadenlicht
Von Deinem heilgen Angesicht.

2. Nicht wir haben Dich erwählet:
Du selbst hast Dich mit uns vermählet,
    Nach Deinem ewgen Liebesrath.
Unsre Kraft ist schwach und nichtig,
Und Keiner ist zum Werke tüchtig,

Der nicht von Dir die Stärke hat:
Drum brich Du unsern Sinn,
Denn Armuth ist Gewinn für den Himmel
Wer, in sich schwach, Dir folget nach,
Und trägt mit Ehren Deine Schmach.

No. 115. Mel.: Seelenbräutigam.

Wer ist wohl, wie Du, Jesu, süße Ruh?
Unter Vielen auserkoren,
Leben derer, die verloren,
Und ihr Licht dazu; Jesu, süße Ruh.

2. Leben, das den Tod, Mich aus aller Noth
Zu erlösen, hat geschmecket,
Meine Schulden zugedecket
Und mich aus der Noth Hat geführt zu
Gott.

3. Glanz der Herrlichkeit; Du bist vor
der Zeit
Zum Erlöser uns geschenket,
Und in unser Fleisch gesenket
In der Füll der Zeit; Glanz der Herr=
lichkeit.

4. Laß mich Deinen Ruhm, Als Dein
Eigenthum,
Durch des Geistes Licht erkennen,

Stets in Deiner Liebe brennen,
Als Dein Eigenthum, Allerschönster
Ruhm!

5. Solls zum Sterben gehn, Wollst Du
bei mir stehn,
Mich durchs Todesthal begleiten
Und zur Herrlichkeit bereiten,
Daß ich einst mag sehn Mich zur Rechten
stehn.

No 116. Eigene Melodie.

Laß mich gehn, laß mich gehn,
Daß ich Jesum möge sehn!
Meine Seel ist voll Verlangen,
Ihn auf ewig zu umfangen,
Und vor Seinem Thron zu stehn.

2. Süßes Licht, süßes Licht,
Sonne, die durch Wolken bricht!
O, wann werd ich dahin kommen,
Daß ich einst mit allen Frommen
Schau Dein holdes Angesicht.

3. Ach wie schön, ach wie schön
Ist der Engel Lobgetön!
Hätt ich Flügel, hätt ich Flügel,
Flög ich über Berg und Hügel
Heute noch nach Zions Höhn.

4. Wie wirds sein, wie wirds sein,
Wenn ich zieh in Salem ein,
In die Stadt der goldnen Gassen!
Herr, mein Gott, ich kanns nicht fassen,
Was das wird für Wonne sein!

5. Paradies, Paradies,
Wie ist deine Frucht so süß!
Unter deinen Lebensbäumen
Wird uns sein als ob wir träumen!
Bring uns, Herr, ins Paradies!

V. Christliches Leben.

No. 117. Eigene Melodie.

Eins ist noth, ach Herr, dies Eine Lehre
mich erkennen doch; Alles andre, wies
auch scheine, Ist ja nur ein schweres
Joch. Darunter das Herze sich naget
und plaget, Und dennoch kein wahres
Vergnügen erjaget. Erlang ich dies
Eine, das Alles ersetzt, So werd ich mit
Einem in Allem ergötzt.

2. Seele, willst du dieses finden,
Such's bei keiner Creatur; Laß, was ir=
disch ist, dahinten; Schwing dich über
die Natur.   Wo Gott und die Mensch=
heit in Einem vereinet, Wo alle vollkom=
mene Fülle erscheinet, Da, da ist das
beste, nothwendigste Theil, Mein Ein
und mein Alles und seligstes Theil.

No. 118. Eigene Melodie.

Nein, nein, nein,
Du kannst mein Freund nicht sein,
Du dienest falschen Göttern,
Du sitzest bei den Spöttern,
Nur wer Marias Theil
Sich wählt zum eingen Heil,
Wer Glauben hat, Der ist mein Kamerad.

2. Nein, nein, nein,
Du kannst mein Freund nicht sein.
Du neidest, geizest, hassest,
Du richtest, prahlest, prassest.
Wer mit dem Herrn verzeiht,
Gern giebt, erläßt und leiht,
Wer Liebe hat, Der ist mein Kamerad.

3. Nein, nein, nein,
Du kannst mein Freund nicht sein.
Du zweifelst, fürchtest, zagest,

Du sorgest, murrest, klagest.
Nur wer mit David fest
Sich auf den Herrn verläßt,
Wer Hoffnung hat, Der ist mein Kamerad.

4. Nein, nein, nein,
Du kannst mein Freund nicht sein.
Du willst dein Haupt nicht neigen,
Dein stolzes Herz nicht beugen.
Nur wer mit Paulus klein,
Ganz arm und schwach kann sein,
Wer Demuth hat, der ist mein Kamerad.

5. Nein, nein, nein,
Du kannst mein Freund nicht sein.
Du hinkst auf beiden Seiten,
Kannst Christi Schmach nicht leiden.
Nur wer die Lüste dämpft,
Ernst betet, ringt und kämpft,
Wer Treue hat, der ist mein Kamerad.

No. 119. Eigene Melodie.

Harre meine Seele, harre des Herrn,
Alles Ihm befehle, hilft Er doch so gern;
Sei unverzagt, bald der Morgen tagt,
Und ein neuer Frühling folgt dem Winter
nach,
In allen Stürmen, in aller Noth
Wird Er dich beschirmen, der treue Gott.

2. Harre, meine Seele, harre des Herrn,
Alles Ihm befehle, hilft Er doch so gern;
Wenn Alles bricht, Gott verläßt uns nicht;
Größer als der Helfer ist die Noth ja nicht.
Ewige Treue, Retter in Noth,
Rett auch unsre Seele, Du treuer Gott!

No. 120. Eigene Melodie.

Was frag ich viel nach Geld und Gut,
   Wenn ich zufrieden bin,
Giebt Gott mir nur gesundes Blut,
   So hab ich frohen Sinn,
Und sing aus dankbarem Gemüth
Mein Morgen= und mein Abendlied.

2 Und wenn die goldne Sonn aufgeht,
   Und golden wird die Welt;
Wenn Alles in der Blüthe steht,
   Und Aehren trägt das Feld,
Dann denk ich: Alle diese Pracht
Hat Gott zu meiner Lust gemacht.

3. Drum preis ich laut und lobe Gott,
   Und schweb in hohem Muth
Und denk: Es ist ein lieber Gott,
   Und meints mit Menschen gut!
Drum will ich immer dankbar sein
Und mich der Güte Gottes freun!

No. 121. Eigene Melodie.

Ich will streben nach dem Leben,
　　Wo ich selig bin!
Ich will ringen, einzudringen,
　　Bis daß ichs gewinn.
Hält man mich, so lauf ich fort;
Bin ich matt, so ruft das Wort:
Fortgerungen, durchgedrungen
　　Bis zum Kleinod hin.

2. Als berufen zu den Stufen
　　Vor des Lammes Thron,
Will ich eilen: das Verweilen
　　Bringt oft bösen Lohn.
Wer auch läuft und läuft zu schlecht,
Der verliert sein Kronenrecht.
Was dahinten, das mag schwinden,
　　Ich will nichts davon.

3. Jesu, richte mein Gesichte
　　Nur auf jenes Ziel;
Lenk die Schritte, stärk die Tritte,
　　Wenn ich Schwachheit fühl.
Lockt die Welt, so sprich mir zu;
Schmäht sie mich, so tröste Du;
Deine Gnade führe grade
　　Mich aus ihrem Spiel.

No. 122. Eigene Melodie.

Vater unser! beten wir,
  Der Du in dem Himmel wohnest,
Und die Deinen, wenn sie Dir
  Treulich folgen, gütig lohnest;
Deines Namens Herrlichkeit
Sei geheiligt alle Zeit.

2. Zu uns komme, Herr, Dein Reich,
  Daß Dein Himmel sei auf Erden;
Daß wir, Deinem Sohne gleich,
  Deinem Willen folgsam werden;
Folgsam, wie der höh're Geist,
Der Dich rein und heilig preist.

3. Gieb uns, Herr, nach Deiner Huld,
  Was uns nöthig ist zum Leben!
Innig reut uns unsre Schuld;
  Doch Du wirst sie uns vergeben,
Wenn dem Nächsten wir verzeihn,
Und der Frömmigkeit uns weihn.

4. In Versuchung führ uns nicht,
  Laß uns niemals unterliegen!
Gieb die Kraft, die uns gebricht,
  Böse Lüste zu besiegen:
Vater, steh uns gnädig bei,
Mach uns aller Fehler frei.

5. Ach, des Uebels, Gott, ist viel,
    Das uns hier auf Erden drücket;
Doch Du steckst der Noth ein Ziel,
    Schickst den Tod, der uns entrücket
Aus dem Elend dieser Zeit
In das Reich der Ewigkeit.

6. Wer mit fester Zuversicht,
    Glaubensvoll in Jesu Namen
Diese sieben Bitten spricht,
    Kann mit Freuden sagen:
Amen! Amen, ja es wird geschehn,
Was wir so von Gott erflehn.

VI. Sehnsucht nach dem Himmel.

———o———

No. 123. Mel.: Joyfully, joyfully onward &c.

Freudenvoll, freudenvoll walle ich fort,
Hin zu dem Lande der Seligen dort;
Land der Verheißung, wie lieblich bist du,
Ziel meiner Pilgerschaft, selige Ruh!
Chöre der Engel mit fröhlichem Reim,
Singen entgegen mir, holen mich heim.
Freudenvoll zieh ich mein Pilgerkleid aus,
Freudenvoll, freudenvoll eil ich nach Haus.

2. Lehrer u. Schüler schon drüben ich weiß,
Fröhlich und selig in himmlischem Kreis:
Glücklich vollendet, sie zogen voran,
Warten am Ufer auch mich zu empfahn.
Hört ihr, sie singen so süß in mein Ohr.
Winken mir freundlich zu ihnen empor!
Werfe ich Anker am herrlichen Strand,
Jauchze ich freudig: O seliges Land!

3. Streckst du, o Tod, mich ins düstere Grab,
Tödte mich, Mörder, mich schreckt nicht
dein Stab;
Jesus, der Held, hat zertreten dein Haupt,
Selig, o selig ist, wer an ihn glaubt!
Hold wird der Ewigkeit dämmernder
Schein,
Hold meinem Auge die Krone einst sein;
Schmiegend an Jesu Brust, ruhe ich aus,
Freudenvoll, freudenvoll, selig zu Haus.

No. 124. Mel: Shall we sing in Heaven forever?

Werden wir im Himmel singen?
    Werden wir? Werden wir?
Werden wir im Himmel singen
    In dem sel'gen Land?
Ja, ach ja! In dem Land, dem selgen Land!
    Die Erlösten freudig singen,

Wenn sie sich hinüber schwingen,
Freudig Jesu Preis sie singen
　　In dem selgen Land.

2. Werden wir uns wieder sehen?
　　Werden wir? Werden wir?
Werden wir uns wiedersehen
　　In dem selgen Land?
Ja,ach ja! In dem Land,dem selgen Land
Alle Christen sehn sich wieder,
　　Denn sie sind ja Christi Glieder.
Sehn sich alle, alle wieder
　　In dem selgen Land.

3. Werden wir den Heiland loben?
　　Werden wir? Werden wir?
Werden wir den Heiland loben
　　In dem selgen Land?
Ja,ach ja! In dem Land, dem selgen Land
Alle Heilgen Jesum loben,
　　Weil Er sie zu Sich erhoben,
　　Preisen Ihn und ewig loben
　　In dem selgen Land.

No 125. Mel.: Schmücke dich, o liebe Seele.

Großer König, hier sind Seelen,
Die sich Dir in Lieb vermählen,
Die vor Dir im Staube liegen,

Sich zu Deinen Füßen schmiegen,
Da ein Jeder Liebesthränen
Mit vereinten Herzenssehnen
Freudig lobend vor Dich bringet,
Und Dir Halleluja singet.

2. Rüst uns aus mit Kraft und Stärke,
In dem angefangnen Werke
Bis ans Ende fortzugehen,
Daß wir Dich mit Freuden sehen,
Wenn Du wirst die Erd erschüttern,
Und die Sünder werden zittern
In der Erde letzten Tagen,
Wir dann können freudig sagen:

3. „Großer König! wir, die Deinen,
Hier vor Deinem Thron erscheinen;
Siehe Deines Geistes Siegel,
An uns Deines Bildes Spiegel;
Wir, die Deine armen Bräute,
Doch geschmückt als Hochzeitsleute,
Kommen aus den Jammerthälern,
Eilen zu den Freudenmählern.“

No 126. Eigene Mel. oder: Weißt du wie viel 2c.

O wie fröhlich, o wie selig
    Werden wir im Himmel sein!
Droben ernten wir unzählig

Unsre Freudengarben ein.
Gehen wir hier hin und weinen,
Dorten wird die Sonne scheinen,
   Dort ist Tag und keine Nacht,
   Wo man nach den Thränen lacht.

2. Ach, wer sollte sich nicht sehnen,
   Bald auf Zions Höhn zu stehn,
Und aus diesem Thal der Thränen
   In den Freudenort zu gehn,
Wo sich unser Kreuz in Palmen,
Unser Klagelied in Psalmen,
   Unsre Last in Lust verkehrt,
   Und das Jauchzen ewig währt!

No. 127. Mel.: Sehn wir uns wohl einmal wieder?

Sehn wir uns wohl einmal wieder
   Dort im hellen ewgen Licht,
Wo kein Schmerz uns mehr drückt nieder,
   Dort vor Jesu Angesicht?
Sehn wir uns, sehn wir uns, sehn wir uns,
Sehn wir uns bald wieder.

2. Sehn wir uns als Gotteskinder
   Nach des Lebens stürmscher Fahrt,
In dem Land der Ueberwinder
   Um des Lammes Thron geschaart?
Sehn wir uns, sehn wir uns, 2c.

3. Werden wir die Stadt auch sehen
     Von Kryſtall und Gold erbaut?
Dürfen wir dort wohl eingehen,
     Wo man Gottes Antlitz ſchaut?
Werden wir, werden wir, ꝛc.

4. Hören wir dann auch die Chöre
     Der erlöſten Jubelſchaar,
Wenn ſie bringen Preis und Ehre
     Gott dem Herrn anbetend dar?
Hören wir, hören wir ꝛc.

5. Ja gewiß, wir ſehn uns wieder
     In dem Land der Herrlichkeit.
Singen ſelig unſre Lieder,
     Wenn wir recht gekämpft im Streit.
Ja gewiß, ja gewiß, ja gewiß,
     Ja gewiß, wir ſehn uns wieder,
In dem Land der Herrlichkeit.

No. 128. Eigene Melodie.

Nach der Heimath ſüßer Stille
     Sehnt ſich heiß mein müdes Herz;
Dort erwartet mich die Fülle
     Reiner Freuden ohne Schmerz.
Nach der Heimath ſüßer Stille,
     Sehnt ſich heiß mein müdes Herz,
Mein müdes Herz, mein müdes Herz;
Nach der Heimath, nach der Heimath.

2. In der Heimath wohnt der Friede,
   Den die Erde nicht gewährt,
Den mit seinem höchsten Liede
   Selbst der Seraph feiernd ehrt.
Nach der Heimath 2c.

3. In der Heimath wohnt die Freude,
   Die kein sterblich Herz ermißt,
Die, getrübt von keinem Leide,
   Ewig, wie ihr Geber ist.
Nach der Heimath 2c.

4. In die Heimath aus der Ferne,
   In die Heimath möcht ich ziehn,
Dorthin, wo die goldnen Sterne
   Ueber ihrer Pforte glühn.
Nach der Heimath 2c.

No. 129. Eigene Melodie

Wo findet die Seele die Heimath, die Ruh?
Wer deckt sie mit schützenden Fittigen zu?
Ach, bietet die Welt keine Freistadt uns an,
Wo Sünde nicht herrschen, nicht anfechten
                                    kann?
Nein, nein, nein, nein! hier ist sie nicht:
Die Heimath der Seele ist droben im Licht.

2. Verlasse die Erde, die Heimath zu sehn,
Die Heimath der Seele, so herrlich u. schön!
Jerusalem droben, vom Golde erbaut,
Ist dieses die Heimat der Seele, der Braut?
Ja, ja, ja, ja, dieses allein
Kann Ruhplatz und Heimath der Seele
nur sein.

3. Wie selig die Ruhe bei Jesu, im Licht!
Tod, Sünde und Schmerzen, die kennt
man dort nicht.
Das Rauschen der Harfen, der liebliche
Klang,
Bewillkommt die Seele mit süßem Gesang.
Ruh, Ruh, Ruh, Ruh, himmlische Ruh,
Im Schooße des Mittlers, ich eile dir zu.

No. 130. Eigene Melodie.

Unter Lilien jener Freuden
    Sollst du weiden,
Seele, schwinge dich empor!
Wie ein Adler fleuch behende;
    Jesu Hände
Oeffnen schon das Perlenthor.

2. Löse, erstgeborner Bruder,
    Doch die Ruder
Meines Schiffleins, laß mich ein

In den sichern Friedenshafen,
　Zu den Schafen,
Die der Furcht entrücket sein!

3. O, wie bald kannst du es machen,
　Daß mit Lachen
Unser Mund erfüllet sei;
Du kannst durch des Todes Thüren
　Träumend führen
Und machst uns auf einmal frei.

4. Du hast Sünd und Straf getragen;
　Furcht und Zagen
Muß nun ferne von mir gehn.
Tod, dein Stachel liegt darnieder;
　Meine Glieder
Werden fröhlich auferstehn.

5. Herzensfreund, Dich will ich loben
　Hier und droben
In der zartsten Liebsbegier.
Du hast Dich zum ewgen Leben
　Mir gegeben;
Hole mich, mein Herr, zu Dir!

VII. Allerlei Kinderlieder.

———o———

No. 131. Eigene Melodie.

Ich bin klein, Mein Herz ist rein;
Soll Niemand drin wohnen,
Als Jesus allein.

2. Ich bin klein, Der Heiland mein;
Nicht Große und Starke,
Die Kleinen sind Sein.

3. Ich bin klein, Der Vater mein!
Darf bitten und klopfen,
Er rufet „Herein!"

4. Ich bin klein, Sein Geist ist mein!
Er lehrt mich und treibt mich,
Gehorsam zu sein.

5. Ich bin klein, Der Himmel mein!
Getauft in den Namen
Des Heilands hinein.

6. Ich bin klein, Sein Wort ist mein!
Auf Schritten und Tritten
Ein leuchtender Schein.

7. Ich bin klein, Klein will ich sein,
Bis Jesus mich heimholt
Zur Himmelsgemein.

No. 132. Eigene Melodie.

Aus dem Himmel ferne,
Wo die Englein sind,
Schaut doch Gott so gerne
Her auf jedes Kind.

2. Höret seine Bitte
Treu bei Tag und Nacht,
Nimmts bei jedem Schritte
Väterlich in Acht.

3. Giebt mit Vaterhänden
Ihm sein täglich Brod,
Hilft an allen Enden
Ihm aus Angst und Noth.

4. Sagts den Kindern allen,
Daß ein Vater ist,
Dem sie wohlgefallen,
Der sie nie vergißt.

No. 133. Mel.: Who shall sing, if &c. (8, 7s.)

Wer soll singen, wenn nicht Kinder,
Starb nicht Jesus auch für sie?
Und in Seiner Siegeskrone

Strahlen dermaleinst auch sie.
Warum gab Gott ihnen Stimmen
Wie den Engeln süß und klar,
Wenn sie nicht Ihm sollten bringen
Ihre Lobgesänge dar?

2. Droben ist ein Chor der Kinder,
    Stehend vor des Heilands Thron;
Engel lauschen; denn das Lied ist
    Süßer als ihr eigner Ton!
Glaube hört die Himmelstöne,
Wenn das Ohr auch noch entfernt,
Sind dies nicht dieselben Weisen,
Die auf Erden sie gelernt?

3. Als auf Erden Jesus weilte,
    Liebte Er die Kinder sehr;
Da Er nun im Himmel wohnet,
    Sollt Er lieben sie nicht mehr?
Laßt sie singen sich ergötzen—
Niemals singen sie zu früh;
Preist die Schöpfung doch den Höchsten
Warum sollten nicht auch sie?

No. 134. Eigene Melodie.

Weißt du, wie viel Sternlein stehen
    An dem blauen Himmelszelt?
Weißt du, wie viel Wolken gehen
    Weithin über alle Welt?

Gott, der Herr, hat sie gezählet,
Daß Ihm auch nicht eines fehlet
An der ganzen, großen Zahl,
An der ganzen, großen Zahl.

2. Weißt du, wie viel Mücklein spielen
    In der heißen Sonnengluth?
Wie viel Fischlein auch sich kühlen
    In der hellen Wasserfluth?
Gott, der Herr, rief sie mit Namen,
Daß sie all ins Leben kamen,
Daß sie nun so fröhlich sind,
Daß sie nun so fröhlich sind.

3. Weißt du, wie viel Kindlein frühe
    Stehn aus ihren Bettlein auf,
Daß sie ohne Sorg und Mühe
    Fröhlich sind im Tageslauf?
Gott im Himmel hat an Allen
Seine Lust, Sein Wohlgefallen,
Kennt auch dich und hat dich lieb,
Kennt auch dich und hat dich lieb.

No. 135. Eigene Melodie.

Weil ich Jesu Schäflein bin,
Freu ich mich nur immerhin
    Ueber meinen guten Hirten,

Der mich wohl weiß zu bewirthen,
Der mich liebet, Der mich kennt,
Und bei meinem Namen nennt.

2. Unter Seinem sanften Stab
Geh ich aus und ein, und hab
     Unaussprechlich süße Weide,
     Daß ich niemals Hunger leide;
Und so oft ich durstig bin
Führt Er mich zur Quelle hin.

3. Sollt ich denn nicht fröhlich sein,
Ich beglücktes Schäfelein!
     Denn nach diesen schönen Tagen
     Werden Engel heim mich tragen
In des Hirten Arm und Schooß,
Amen! ja, mein Glück ist groß.

No. 136. Eigene Melodie.

Wo wohnt der liebe Gott? —
     Sieh dort den blauen Himmel an,
Wie fest er steht, so lange Zeit,
Sich wölbt so hoch, sich streckt so weit,
     Daß ihn kein Mensch erfassen kann;
Und sieh der Sterne goldnen Schein,
Gleich als viel tausend Fensterlein, —
     Das ist des lieben Gottes Haus,
     Da wohnt Er drin und schaut heraus,

Und schaut mit Vateraugen nieder
Auf dich und alle deine Brüder.

2. Wo wohnt der liebe Gott?
    Hörst du der Glocken hellen Klang?
Zur Kirche rufen sie dich hin. —
Wie ernst, wie freundlich ists darin!
    Wie lieb und traut, u. doch wie bang!
Wie singen sie mit frommer Lust!
Wie beten sie aus tiefer Brust!
    Das macht, der Herr Gott wohnet da,
    Drum kommen sie von fern und nah
Hier, vor Sein Angesicht zu treten,
Zu flehn, zu danken, anzubeten.

3. Wo wohnt der liebe Gott? —
    Die ganze Schöpfung ist Sein Haus;
Doch wenn es Ihm so wohlgefällt,
So wählet in der weiten Welt
    Er sich die engste Kammer aus.
Wie ist das Menschenherz so klein,
Und doch auch da zieht Gott herein!
    O, halt das deine fromm und rein,
    So wählt Ers auch zur Wohnung Sein,
Und kommt mit Seinen Himmelsfreuden,
Und wird nie wieder von dir scheiden!

No. 137. Mel.: O Du Liebe meiner Liebe. (8,7c.)

Seht ihr auf den grünen Fluren
    Jenen holden Schäfer ziehn?
Seht ihr auch auf Seinen Spuren
    Schöner alle Felder blühn?
Kennt ihr nicht die frohen Heerden?
Schauet an den Schäferstab,
Den der Himmel wie der Erden
Vater seinen Händen gab!

3. Schaut, ein Lamm hat sich verlaufen,
    Und Er eilet schnellen Lauf,
Läßt den ganzen andern Haufen,
    Suchet Sein Verlornes auf.
Auf den Schultern heimgetragen
Bringt es der getreue Hirt;
Keines darf nun ängstlich zagen,
Sei es noch so weit verirrt.

3. Möchtet ihr auf dieser Erden
    Fühlen solche treue Hut,
Müßt ihr Schäflein Christi werden,
    Denen giebt Er selbst Sein Blut.
Herr, mein Gott, auf Deine Weiden,
An Dein Brünnlein leite mich!
So durch Freuden als durch Leiden
Führe Du mich seliglich.

No. 138. Eigene Melodie.

Wen Jesus liebt,
    Wen Jesus liebt,
Der kann allein recht fröhlich sein
Und nie betrübt.

2.   :,: Im Himmel hoch :,:
Auf Gottes Thron Liebt Gottes Sohn
    Die Seinen noch.

3.   :,: Und giebt und schenkt :,:
Der Gaben viel, Ohn Maß und Ziel,
    Und sorgt und denkt.

4.   :,: Und liebt auch mich, :,:
Giebt auf mich Acht; Drum Tag u. Nacht
    Bin froh auch ich.

No. 139. Mel.: Lobe den Herren, den mächtigen 2c.

Blühende Jugend, du Hoffnung der
            künftigen Zeiten,
Höre doch einmal, und laß dich in Liebe
            bedeuten!
Fliehe den Tand, Folge der winkenden
            Hand,
Die dich zu Jesu will leiten!

2. Opfre die frische, die schöne, lebendige
      Blüthe,

Opfre die Kräfte der Jugend mit frohem
      Gemüthe

Jesum dem Freund, Der es am treulich-
      sten meint,

    Ihm, deinem König voll Güte!

3. Liebevoll suchet der Hirte sich Läm-
            mer auf Erden;
  Jugend, du sollst Ihm zur Lust und
            zum Ehrenschmuck werden.
  Komm doch heran, Segen von Ihm zu
            empfahn,
    Werde die Zier Seiner Heerden!

No. 140. Eigene Melodie. (7s, 6s.)

Ein Gärtner geht im Garten
      Wo tausend Blumen blühn,
Und alle treu zu warten
      Ist einzig Sein Bemühn.
Der schickt Er sanften Regen,
Und jener Sonnenschein;
Das nenn ich treues Pflegen,
Da müssen sie gedeihn.

2. In heiligen Gedanken
    Sieht man sie fröhlich blühn;
Sie möchten mit den Ranken
    Den Gärtner all umziehn.
Und wenn ihr Tag gekommen,
Legt Er sie an Sein Herz:
Und zu den selgen Frommen
Trägt Er sie himmelwärts.

3. Du Gärtner treu und milde,
    O, laß uns fromm und fein
Zum himmlischen Gefilde,
    Zum ewgen Lenz gedeihn!
Gib Deinen Pflanzen Säfte,
Damit sie herrlich stehn,
Und gib den Schwachen Kräfte,
Sonst müssen sie vergehn.

No. 141. Eigene Melodie.

Wie herrlich ists, ein Schäflein Christi werden
    Und in der Hut des treusten Hirten stehn.
Kein höh'rer Stand ist auf der ganzen Erden,
    Als unverrückt dem Lamme nachzugehn.
Was alle Welt nicht geben kann,
Das trifft ein solches Schaf bei seinem Hirten
                                        an.

2. Wer leben will und gute Tage sehen,
   Der wende sich zu dieses Hirten Stab.
Hier wird sein Fuß auf süßer Weide gehen,
   Da ihm die Welt vorhin nur Träber gab.
Hier wird nichts Gutes je vermißt,
   Dieweil der Hirt ein Herr der Schätze Gottes ist.

3. Doch ist dies nur der Vorschmack größrer
                                    Freuden,
   Es folget nach die lange Ewigkeit;
Da wird das Lamm die Seinen herrlich weiden
   Wo der krystallne Strom das Wasser beut.
Da sieht man erst recht klar und frei,
   Wie schön und auserwählt ein Schäflein Christi
                                          sei.

No. 142. Eigene Melodie.

Wenn ich ein Vöglein wär,
      Lieblich in Himmelsweis',
   Ach wie so sehr
   Wollt ich dann selig sein,
   Wollt ich dann selig sein
      Im Sternenmeer.

2. Wollte, wie Englein thun,
      Froh an den Himmel schaun,
         Mit ihnen knie'n,
   :,: Gern zu Gott Vater gehn :,:
         Und preisen Ihn.

3. Wenn ich ein Englein wär,
   Fröhlich und frommes Kind,
      Freut ich mich sehr!
   :,: Herr, laß michs werden doch :,:
      Je mehr und mehr.

No. 143. Eigene Melodie. (7s, 6s.)

Zu Dir wir Kindlein kommen,
   O lieber Jesus Christ,
Weil Du uns ja gerufen
   Und unser Heiland bist.

2. O nimm uns, liebster Jesu,
      In Gnad und Liebe an,
   Wie Du den kleinen Kindlein
      In Israel gethan.

3. Wir sind ja Deine Kindlein
      Schon seit der heilgen Tauf,
   Drum nimm uns heut und immer
      Nach Deiner Gnade auf.

4. Zum Segnen leg die Hände
      Auf Deine Kindlein klein;
   In Deiner Liebe Arme
      Schließ gnädiglich uns ein.

5. Mach uns recht fromm hienieden,
Daß wir nach dieser Zeit
Mit Deinen Engeln kommen
Zur Himmels Seligkeit!

No. 144. Eigene Melodie. (C. M.)

Ich bin ein Kindlein, arm und klein,
Und meine Kraft ist schwach;
Ich möchte gerne selig sein,
Und weiß nicht, wie ichs mach.

2. Mein Heiland, Du warst mir zu gut,
Ein kleines, armes Kind,
Und hast mich durch Dein theures Blut
Erlöst von Tod und Sünd.

3. Mein liebster Heiland, rath mir nun,
Was ich zur Dankbarkeit
Dir soll für Deine Liebe thun,
Und was Dein Herz erfreut.

4. Ich kann nur flehn, weil ich gehört
Daß Du mein junges Herz
Zu einem Opfer hast begehrt;
Herr, zieh es himmelwärts!

5. Du hast mich in der Taufe ja
Mit Deinem Heil bekleid't,
Und eh ich etwas wußt und sah,
Zu Deinem Kind geweiht.

No. 145. Mel: Himmel, Erde, Luft u. Meer. (7s.)

Keine Schönheit hat die Welt,
Die mir nicht vor Augen stellt
Meinen schönsten Jesum Christ,
Der der Schönheit Ursprung ist.

3. Wenn die Morgenröth entsteht
Und die güldne Sonn aufgeht:
So erinnre ich mich bald
Seiner himmlischen Gestalt.

3. Seh ich dann den Mondenschein
Und des Himmels Aeugelein,
So gedenk ich: der dies macht,
Hat viel tausend größre Pracht.

4. Schau ich in dem Frühling an
Unsern bunten Wiesenplan,
So bewegt es mich, zu schrein:
Ach! wie muß der Schöpfer sein!

5. Lieblich singt die Nachtigall,
Süße klingt der Flöten Schall:
Aber über allem Ton
Ist das Wort: Maria-Sohn.

6. Ei nun, Schönster, komm herfür!
Komm und zeig Dich selbsten mir:
Laß mich sehn Dein eigen Licht
Und Dein bloßes Angesicht.

7. Ach! mein Jesu, nimm doch hin,
Was mir decket Geist und Sinn,
Daß ich Dich zu jeder Frist,
Sehe, wie Du selber bist.

No. 146. Mel.: Walte, walte nah u. fern. (7s.)

Vater in dem Himmelreich,
Deinem Bilde mach mich gleich,
Breite durch mein Herz Dich aus,
Mach es ganz zu Deinem Haus.

2. Abba, Vater, hör Dein Kind,
Reinige mich von aller Sünd,
Herr, ich lasse Dich nicht gehn,
Du ertheilst mir Segen denn.

3. Heilger Geist, o komm zu mir,
Bleib in Deinem Tempel hier,
Bring Dein innres Zeugniß dar,
Stark und dauerhaft und klar.

No. 147. Mel.: Herr Jesu Christ, Dich ꝛc. (L. M.)

Christi Blut und Gerechtigkeit,
Das ist mein Schmuck und Ehrenkleid;
Damit will ich vor Gott bestehn,
Wenn ich in Himmel werd eingehn.

2. Gelobet seist Du, Jesu Christ,
Daß Du ein Mensch geboren bist
Und hast für mich und alle Welt
Bezahlt ein ewig Lösegeld.

No. 148. Mel.: Around the throne, &c.

Rings um des lieben Gottes Thron
   Tausend von Kindern stehn,
Sie preisen Gottes ewgen Sohn,
   Hoch in des Himmels Höhn,
Singend: Ehre, Ehre, Ehre sei Gott in
       der Höh!

2. Was brachte sie in jenes Land,
   Das Land so hell und klar,
Wo nur ist Friede, Freud und Lieb,
   Und Wonne immerdar?
Singend: Ehre, Ehre, Ehre sei Gott in
       der Höh!

3. Jesus vergoß für sie Sein Blut,
   Von Sünd sie zu befrein,
Und diese heilge Liebesfluth
   Machte sie weiß und rein.
Singend: Ehre, Ehre, Ehre sei Gott in
       der Höh!

4. Auf Erden rief Er sie zu Sich,
   Der liebe Gottessohn,
Jetzt sehen sie Sein Angesicht
   Und stehn vor Gottes Thron.
Singend: Ehre, Ehre, Ehre sei Gott in
          der Höh!

VIII. Gelegenheitslieder.

—o—

a) Morgenlieder.

No. 149. Wie schön leuchtet der ꝛc.

Wie süß in früher Morgenstund
Ertönt in meinem Herzensgrund,
   O Jesu, Deine Stimme!
Sie mahnet mich, daß Du mich liebst,
Und Oel dem schwachen Dochte giebst,
   Damit er heller glimme!
Nähre, mehre,
Nur Dein Feuer, Du Getreuer!
   Ach bewahre
   Dir mein Herze zum Altare!

2. Mit Dir steh ich vom Lager auf,
Mit Dir beginn ich meinen Lauf,
　Dein will ich stets gedenken.
Mein Heiland, laß mich nie allein,
　Wollst immer in und bei mir sein,
All meine Schritte lenken!
Ich Dein, Du mein:
Du mein Friede, Klang im Liede,
　Trost im Leide,
　Brunnquell aller Lebensfreude!

No. 150. Mel.: Mein Leben fliehet schnell dahin.

Mein erst Gefühl sei Preis und Dank,
　Erheb Ihn, meine Seele!
Der Herr hört deinen Lobgesang,
　Lobsing Ihm, meine Seele!

2. Gelobet seist Du, Gott der Macht,
　Gelobt sei Deine Treue,
Daß ich nach einer sanften Nacht
　Mich dieses Tags erfreue.

3. Laß Deinen Segen auf mir ruhn,
　Mich Deine Wege wallen;
Und lehre Du mich selber thun
　Nach Deinem Wohlgefallen.

4. Nimm meines Lebens gnädig wahr,
Auf Dich hofft meine Seele;
Sei mir ein Retter in Gefahr,
Ein Vater, wenn ich fehle.

5. Gib mir ein Herz voll Zuversicht,
Erfüllt mit Lieb und Ruhe,
Ein weises Herz, das seine Pflicht
Erkenn und willig thue.

6. Daß ich als ein getreuer Knecht
Nach Deinem Reiche strebe,
Gottselig, züchtig und gerecht
Durch Deine Gnade lebe.

No. 151. Eigene Melodie. (7, 6s.)

Erwacht vom süßen Schlummer,
Gestärkt durch sanfte Ruh,
Jauchzt, Vater, frei von Kummer,
Preis unser Herz Dir zu.
Du bist es, der den Müden,
Den Schwachen Kraft geschenkt;
Du sprachest: schlaft in Frieden,
Erwachet ungekränkt!

2. Nun streust Du Lust und Segen
Auf Alles, was wir sehn;
Wir sehn sich Alles regen
Und Alles neu erstehn.

O Gott, wie glänzt im Thaue
    So schön die Morgenflur!
Die Welt, so weit ich schaue,
    Zeigt Deiner Güte Spur.

3. Aus tausend Kehlen schallet
    Dir laut des Waldes Chor,
Von tausend Blumen wallet
    Dir Opferduft empor.
O laßt auch uns erheben
    Den Herrn das Leben lang;
Ja, unser ganzes Leben
    Sei lauter Lobgesang!

---

b) **Abendlieder.**

No. 152. Eigene Melodie. (C.M.)

Nun sich der Tag geendet hat
    Und keine Sonn mehr scheint,
Schläft Alles, was sich abgematt't
    Und was zuvor geweint.

2. Nur Du, mein Gott, hast keine Rast;
    Du schläfst und schlummerst nicht:
Die Finsterniß ist Dir verhaßt,
    Weil Du selbst bist das Licht.

3. Gedenke, Herr, doch auch an mich
    In dieser dunklen Nacht
Und schirme Du mich gnädiglich
    Mit Deiner Engel Wacht.

4. Soll diese Nacht die letzte sein
    In diesem Jammerthal,
So führ mich in den Himmel ein,
    Zur auserwählten Zahl.

No. 153. Eigene Melodie. (7s)

Müde bin ich, geh zur Ruh,
Schließe beide Augen zu:
Vater, laß die Aeuglein Dein,
Ueber meinem Bette sein.

2. Hab ich Unrecht heut gethan,
Sieh es, lieber Gott, nicht an,
Deine Gnad und Jesu Blut
Macht ja allen Schaden gut.

3. Alle, die mir sind verwandt,
Gott, laß ruhn in Deiner Hand;
Alle Menschen, groß und klein,
Lasse Dir befohlen sein.

4. Kranken Herzen sende Ruh,
Nasse Augen schließe zu;
Laß in Deiner Engel Wacht
Sanft uns ruhen diese Nacht!

No. 154. Mel.: Nun ruhen alle Wälder.

Herr, Der Du mir das Leben
Bis diesen Tag gegeben,
   Dich bet ich kindlich an!
Ich bin viel zu geringe,
Der Treue, die ich singe,
   Und die Du heut an mir gethan.

2. Mit dankendem Gemüthe
Freu ich mich Deiner Güte;
   Ich freue mich in Dir.
Du gibst mir Lust und Stärke,
Gedeihn zu meinem Werke,
   Und schaffst ein reines Herz in mir.

3. Ich weiß, an wen ich glaube,
Ich nahe mich im Staube,
   Zu Dir, o Gott, mein Heil!
Ich bin der Schuld entladen,
Ich bin bei Dir in Gnaden,
   Und in dem Himmel ist mein Theil.

4. Bedeckt mit Deinem Segen,
Eil ich der Ruh entgegen;
   Dein Name sei gepreist!
Mein Leben und mein Ende
Ist Dein; in Deine Hände
Befehl ich, Vater, meinen Geist!

No. 155. Eigene Melodie.

Meinen Heiland im Herzen,
　　Da schlaf ich so süß,
Da träum ich so selig vom Paradies,
Da träum ich so selig vom Paradies.

2. Meinen Heiland im Auge,
　　Da schreckt mich kein Feind,
Er bleibet dem betenden Kinde vereint.

3. Meinen Heiland im Sinne,
　　Bleibt Böses mir fern,
Die Sünde entweichet vor Gott meinem
　　　　　　　　　　　Herrn.

4. Drum will ich Ihn halten
　　Fest, fest und getreu;
Mein Vater im Himmel, o stehe mir bei.

---

c) Schul= und Tischlieder.

No. 156. Eigene Melodie.

Für dies muntre junge Leben
　　Danken wir, Vater! Dir,
　　　Der Du's uns gegeben.
Laß uns rasch mit heitern Sinnen.
　　Nach der Ruh, Vater Du,
　　Unser Werk beginnen.

2. Blicke freundlich auf uns nieder,
Die wir Dein, Hier uns freun;
Höre unsre Lieder!
Gieb zum Lernen Lust und Kräfte:
Nur von Dir Hoffen wir
Segen zum Geschäfte.

3. Gott, Du bist in unsrer Mitte;
Fern und nah Bist Du da,
Hörest unsre Bitte.
Gieb uns Kraft, nach Jesu Lehren
Herzensrein, fromm zu sein,
Vater! Dich zu ehren.

No. 157. Mel.: Herr Gott, Dich loben alle. (L. M.)

Herr Gott Vater im Himmelreich,
Wir Deine Kinder allzugleich
Bitten Dich jetzt aus Herzensgrund,
Speis uns alle zu dieser Stund.

2. Thu auf Dein reiche milde Hand,
Behüt uns auch vor Sünd und Schand,
Und gieb uns Fried und Einigkeit,
Bewahr uns auch vor theurer Zeit:

3. Damit wir leben seliglich,
Dein Reich besitzen ewiglich,
In unsers Herrn Christi Namen,
Begehrt ihr das, so sprecht Amen.

No. 158. Mel.: When the morning light.

Wenn das Morgenlicht Durch das Dunkel
bricht
Und die Sonne steigt zur Höh;
Wenn es geht die Rund Um die Arbeitsstund
Zu der Schule froh ich geh.
An den Büchern um Punkt neun,
In der Classe achtsam sein,
Wird den Lehrer recht erfreun.
Drum zur Schul ich eil!

Chor: Eile fort, nur fort; Eile fort, nur fort,
Eile fort zur Schule hin!

2. Ob zur Winterszeit, Wenn es friert u. schneit
Und der Fußweg liegt im Schnee;
Oder Frühlingsluft Uns ins Freie ruft,
Stets zur Schule froh ich geh
Wenn der neue Morgen kommt
Bin ich wieder frisch und prompt,
Das zu lernen, was mir frommt,
In der Schule mein.

Chor: Eile fort, nur fort ꝛc.

3. Herr, ich bitte Dich, Noch recht inniglich,
Gieb zum Lernen das Gedeihn!
Daß ich mög allhier, Wohlgefallen Dir

Und mich ewig Deiner freun.
Schließt sich dann mein Auge zu,
Führ mich ein in selge Ruh,
Dort ström ewig Dank Dir zu
Für die Schule hier.
Chor: Eile fort, nur fort 2c.

---

d) Naturlieder.

No. 159. Eigene Melodie.

Wir pflügen und wir streuen
Den Samen auf das Land,
Doch Wachsthum und Gedeihen
Steht in des Höchsten Hand,
Er sendet Thau und Regen
Und Sonn und Mondenschein,
Von Ihm kommt aller Segen,
Von unserm Gott allein.
Alle gute Gabe
Kommt her von Gott, dem Herrn,
Drum dankt Ihm, dankt,
Drum dankt Ihm, dankt
Und hofft auf Ihn.

2. Was nah ist und was ferne,
Von Gott kommt Alles her,
Der Strohhalm und die Sterne,

Das Sandkorn und das Meer;
Von Ihm sind Busch und Blätter
Und Korn und Obst von Ihm,
Das schöne Frühlingswetter
Und Schnee und Ungestüm.
Alle gute Gabe ꝛc.

3. Er läßt die Sonn aufgehen,
    Er stellt des Mondes Lauf;
Er läßt die Winde wehen
    Und thut die Wolken auf.
Er schenkt uns so viel Freude,
Er macht uns frisch und roth,
Er giebt dem Viehe Weide
Und Seinen Menschen Brod.
    Alle gute Gabe ꝛc.

No. 160. Mel.: Ein Gärtner geht im Garten (7s, 6s)

Der Frühling kehret wieder,
    Belebt wird die Natur.
Schon tönen muntre Lieder
    Auf grüner Au und Flur.
Der Vöglein Lobgesänge
Steigt dankend dort empor,
Und ihre süßen Klänge
Erfreuen Herz und Ohr.

2. Voll Wohlgeruch und Wonne,
   In ihrem bunten Kleid,
Enthüllt im Schein der Sonne
   Die Blume ihr Geschmeid,
Der Tauben sanftes Girren,
Der Vöglein Lobgesang,
Der Käfer buntes Schwirren
Bringt Gott, dem Schöpfer, Dank.

3. O Schöpfer meines Lebens!
   Für Deine Gütigkeit
Will ich Dich froh erheben,
   In meiner Jugendzeit.
Der Frühling meines Lebens!
Sei Dir, o Herr, geweiht,
Damit ich nicht vergebens
Die schönste Zeit vergeud.

No. 161. Eigene Melodie.

Vöglein im hohen Baum,
   Klein ists, ihr seht es kaum,
      Singt doch so schön,
Daß wohl von nah und fern
Alle die Leute gern
      Horchen und stehn.||

2. Blümlein im Wiesengrund
Blühen so lieb und bunt,

Tausend zugleich;
Wenn ihr vorüber geht,
Wenn ihr die Farben seht,
Freuet ihr euch.

3. Wässerlein fließt so fort,
Immer von Ort zu Ort
Nieder ins Thal;
Dürstet nun Mensch und Vieh,
Kommen zum Bächlein sie,
Trinken zumal.

4. Habt ihr es auch bedacht,
Wer hat so schön gemacht
Alle die drei?
Gott, der Herr, machte sie,
Daß sich nun spät und früh
Jedes dran freu.

No. 162. Eigene Melodie.

In der Heimath ist es schön,
Auf der Berge lichten Höhn,
Auf dem schroffen Felsenpfad,
Auf der Fluren grüner Saat.
In der Heimath ist es schön,
Wo die Heerden weidend gehn,
Wo die Heerden weidend gehn;
In der Heimath ist es schön.

2. In der Heimath ist es schön,
   Wo die Lüfte sanfter wehn,
   Wo des Baches Silberwell
   Murmelnd eilt von Stell zu Stell.
   In der Heimath ist es schön,
   Wo der Eltern Häuser stehn,
   Wo der Eltern Häuser stehn;
   In der Heimath ist es schön.||

No. 163. Eigene Melodie.

Du schöne Lilie auf dem Feld,
   Wer hat in solcher Pracht
Dich vor die Augen mir gestellt,
   Wer dich so schön gemacht?
   Wer dich so schön gemacht?

2. Wie trägst du ein so weißes Kleid
   Mit goldnem Staub besät,
Daß Salomonis Herrlichkeit
   Vor deiner nicht besteht!||

3. Du schöne Lilie auf dem Feld,
   In aller deiner Pracht
Bist du zum Vorbild mir gestellt,
   Zum Lehrer mir gemacht.||

4. Du schöne Lilie auf dem Feld,
   Du kennst den rechten Brauch,
Du denkst, der hohe Herr der Welt
   Versorgt Sein Blümlein auch.||

e) Festlieder.

No. 164. O come, come away.

O kommt, fröhlich singt!
  Wer wollte heut nicht singen,
Aus lob= und freuderfüllter Brust?
  O kommt, fröhlich singt!
Die Festpsalmen bringt,
  Bis Herz und Zung erklingen,
Dem Gott, der uns aus reiner Lust,
  Den Festtag geschenkt.
Mit jungen Zungen stimmen wir,
O Herr, ein Hallelujah Dir,
In heilger Feier hier:
  Dann kommt, fröhlich singt!

2. In fröhlichem Chor
  Laßt Kindeszungen glühen,
Mit Festesliedern hell und klar,
  Dem Heiland der Welt.
Kam Er doch zuvor,
  Das zarte Herz zu ziehen:
Die Lämmlein Er an Seiner Brust
  Erbarmend erhält.
Die Jugend, fröhlich, sammt dem Greis,
Besinge heut des Heilands Preis,
Und wer zu singen weiß
  In fröhlichem Chor.

3. Es rausche der Schall
　　Von diesem frohen Tage
Durch Erd und Himmel fort und fort,
　　Durch Berg und durch Thal.
Sein heiliger Hall
　　Stets himmelwärts uns trage,
Entzünde unsre Lieder dort
　　Im festlichen Saal.
Einst stimmen wir von Sünden rein,
Mit Seligen und Engeln ein:
„Sei Lob und Preis allein
Dir, Herr, überall!"

No. 165. Eigene Melodie.

Wie lieblich ists hienieden,
　　Wenn Brüder, treu gesinnt,
In Eintracht und in Frieden
　　Vertraut beisammen sind
In Eintracht und in Frieden
Vertraut beisammen sind.

2. Wie Thau vom Hermon nieder
　　Auf Gottes Berge fließt:
:,: Also auch auf die Brüder
　　Der Segen sich ergießt. :,:

3. Und einstens wird erneuet
　　Durch sie die heilge Stadt;

:,: Was Knecht ist, wird befreiet,
Und rein, was Flecken hat. :,:

4. Und alles Volk der Erde
Geht nun zum Lichte ein;
:,: Dann wird nur Eine Heerde
Und nur Ein Hirte sein. :,:

No. 166. Eigene Melodie.

Es braust ein Ruf von Himmelshöhn,
Wie Gottesstimm und Geisteswehn:
Zum Krieg, zum Krieg, zum hl. Krieg!
Wer folgt der Kreuzesfahn zum Sieg?
Du kleine Schaar magst ruhig sein,
Du kleine Schaar magst ruhig sein,
Gott lässet nie, läßt nie Sein Volk allein.
Gott lässet nie, läßt nie Sein Volk allein.

2. Durch tausend Herzen zuckt es schon:
„Hie Schwert des Herrn und Gideon!“
Ein Feigling ist, wer ängstlich zagt;
Mit Christo sei der Kampf gewagt.
Du kleine Schaar rc.

3. Wie düster starrt der Sünde Nacht,
Wie furchtbar droht des Satans Macht!
O Gott, vom Himmel schau darein,
Laß uns im Kampfe Sieger sein!
Du kleine Schaar rc.

4. Schon rauscht es auf dem Schlachten-
feld,
Und kräftig waltet Juda's Held.
Es blitzt Sein Schwert, die Kreuzesfahn
Trägt Er den Seinen Selbst voran.
Du kleine Schaar 2c.

5. Auf, Brüder, folgt dem Gottessohn
Durch Nacht zum Licht, durch Kreuz zur
Kron;
Und kämpfet fort, bis Er gesiegt,
Bis Alles Ihm zu Füßen liegt!
Du kleine Schaar 2c.

6 Laut braust der Ruf von Himmelshöhn,
Wie Gottesstimm und Geisteswehn:
Zum Krieg, zum Krieg, zum heil. Krieg!
Uns führt Immanuel zum Sieg!
Du kleine Schaar 2c.

No. 167. Eigene Melodie.

Wo man singet, Herr, zu Deiner Ehre,
Wo man Dich, Du Ewiger, erhöht,
Auf dem Trocknen, auf dem weiten Meere,
Ach! an solchem Orte wohl es steht.

2. Weil denn, Vater, Dir hier wohlgefal=
len,
Lieder, die man Deinem Namen singt,

So soll auch Gesang von uns erschallen,
Bis es droben besser bei Dir klingt.

No. 168. Eigene Melodie.

O Tannenbaum, o Tannenbaum!
　Wie treu sind deine Blätter!
Du grünst nicht nur zur Sommerzeit,
Nein auch im Winter, wenn es schneit.
　O Tannenbaum, o Tannenbaum!
　Wie treu sind deine Blätter!

2. O Tannenbaum, o Tannenbaum!
　Du kannst mir sehr gefallen;
Wie oft hat nicht zur Weihnachtszeit
Ein Baum von dir mich hoch erfreut!
　O Tannenbaum, o Tannenbaum!
　Du kannst mir sehr gefallen!

3. O Tannenbaum, o Tannenbaum!
　Wie strahlest du so helle!
Vom Fuße bis zum Wipfel schön
Ist lauter Glanz an dir zu sehn.
　O Tannenbaum, o Tannenbaum!
　Wie strahlest du so helle!

4. O Tannenbaum, o Tannenbaum!
　Wer hat dich so gezieret?
Dich hat der Liebe Wundermacht

Zum allerschönsten Baum gemacht.
    O Tannenbaum, o Tannenbaum!
Wer hat dich so gezieret?

5. O Tannenbaum, o Tannenbaum!
    Ließ ich gleich dir mich schmücken!
Die Liebe Gottes macht aus mir
Auch eine Paradieses-Zier.
    O Tannenbaum, o Tannenbaum!
    Ließ ich gleich dir mich schmücken!

No. 169. Mel.: My country, 'tis of thee.

Heimathland, groß und weit,
Freiheit und Gott geweiht,
    Mein Herz dir singt.
Land, das den Vätern Grab,
Ruhe den Pilgern gab,
Von jeder Höh' herab
    Freiheit erklingt.

2. Name „Amerika!"
Wo ich erst Freiheit sah,
    Schön ist dein Klang.
Ich liebe deine Luft,
Land und See, Berg und Kluft,
Wälder und Wiesenduft
    Und Tempelsang.

3. Glockenton, Liederlust
Schwelle die treue Brust,
    Brüder, stimmt an!
Banner der Sterne fliegt!
Wo sich ein Wipfel biegt,
Wo Bibelfreiheit bricht
    Der Knechtschaft Bann.

4. Gott, unsrer Väter Hort,
Gott, unsrer Freiheit Port,
    Dir singen wir.
Schütz unsern Staatenbund,
Auf heilger Freiheit Grund
Mach Deine Herrschaft kund
    Zum Lobe Dir.

No. 170. Mel.: O say, can you see?

O sagt, könnt ihr sehn in des Morgenroths
    Strahl,
Was so stolz wir im scheidenden Abendroth
    grüßten,
Die Sterne, die Streifen, die wehend vom Wall,
Im tödtlichen Kampf uns den Anblick ver-
    süßten?
Hoch flattern die Fahnen in herrlicher Pracht,
Beim Leuchten der Bomben durch dunkele
    Nacht.

Chor:

O sagt, ob das Banner, mit Sternen besät,
Ueberm Lande der Freien und Braven noch
weht!

2. Vom Strand aus zu sehn durch die Nebel
der See,
WoFeindesschaar ruhet in drohendemSchwei=
gen;
Was ists, das die Wind' auf befestigter Höh'
Mit neckendem Wehn bald verhüllen, bald
zeigen?
Jetzt faßt es derSonne hell leuchtenderStrahl,
Jetzt scheint es vom Berge, jetzt wehts übers
Thal.

Chor:

Es ist ja das Banner, mit Sternen besät,
Das über dem Lande der Freien noch weht.

3. Wo Männer für Freiheit u. für Vaterland
Vereiniget stehen, da sende von oben
Den Kämpfern errettend die mächtige Hand;
Die Freien, die müssen den Vater dort loben.
Gerecht ist die Sache.—aufGott wir vertraun,
Drum sei auch die Losung: Auf Gott wir fest
baun!

Chor:

Und siegreich das Banner, mit Sternen besät,
Ueberm Lande der Freien und Braven noch
weht.

No. 171. Mel.: Hail Columbia.

Heil, Columbia, glücklich Land,
Wo die Freiheit Rettung fand!
Die fest im Sturm des Krieges war,
Die fest im Sturm des Krieges war,
Die sich erstritt, kühn, stark und groß,
Des Friedens holdes, theures Loos!
Stolz auf Unabhängigkeit,
Gedenkt des Preises allezeit;
Ihrem Altar, hoch und hehr,
Laß untergraben nimmermehr.

Chor:

Treu der Eintracht wollen wir
Stehn zur Freiheit für und für;
Bruderliebe, Einigkeit
Geben Frieden, Sicherheit.

2. Du, des Ruhmes holdes Lied,
Töne herrlich, dankdurchglüht!
Ihm, unsrer Freiheit größtem Sohn,
Ihm, unsrer Freiheit größtem Sohn!
Laß jedes Volk, der Freiheit werth,
Wohl, freudig lauscht und jauchzend hört,
Wie er in der Schreckenszeit
Mit Weisheit, Kraft und Fähigkeit,
Dann im Frieden, leicht, gewandt
Geführt das Volk, regiert das Land.

Chor: Treu der Eintracht rc.

No. 172. Eigene Melodie. (7s, 6s.)

Gesang verschönt das Leben,
  Gesang erfreut das Herz;
Ihn hat uns Gott gegeben,
  Zu lindern Sorg und Schmerz.

2. Wohl auf denn! laßt uns singen,
  Den muntern Vögeln gleich;
Laßt All ein Lied erklingen,
  An Lieb und Freude reich.

3. Ein Lied dem Freundschaftsbande,
  Das uns zusammen hält;
Dem theuren Vaterlande,
  Der ganzen Menschenwelt.

4. Das Herz sei hingegeben
  Dem Guten ganz allein,
So wird das ganze Leben
  Gesang und Jubel sein.

No. 173. Eigene Melodie. (C. M.)

Aeb immer Treu und Redlichkeit
  Bis an dein kühles Grab,
Und weiche keinen Finger breit
  Von Gottes Wegen ab.

2. Dann wirst du wie auf grünen Au'n
　　Durchs Pilgerleben gehn,
Dann kannst du ohne Furcht und Grau'n
　　Dem Tod ins Auge sehn.

3. Dann wird die Sichel und der Pflug
　　Zu deiner Hand so leicht;
Dann singest du beim Wasserkrug
　　Als wär dir Wein gereicht.

4. Dem Bösewicht wird alles schwer
　　Er thue, was er thu':
Die Sünde treibt ihn hin und her,
　　Und läßt ihm keine Ruh.

5. Der Wind im Hain, das Laub am Baum
　　Saust ihm Entsetzen zu;
Er findet nach des Lebens Traum
　　Im Grabe keine Ruh.

6. Drum übe Treu und Redlichkeit
　　Bis an dein kühles Grab,
Und weiche keinen Finger breit
　　Von Gottes Wegen ab.

No. 174. Eigene Melodie.

O seht, auf leisen Flügeln
Des Frühroths, von den Hügeln
　　Kommt unser Feiertag ins Thal!
Wir wandeln ihm entgegen,

Er bringt uns Freud und Segen
   Und Laub und Blumen ohne Zahl.

2. Es schmücken sich die Auen, .
Sein Auge sucht zu schauen,
   Ihn grüßt der Nachtigallen Chor;
Die Lerch am Himmel schwebet,
Und duftender erhebet
   Die Blume selbst ihr Haupt empor.

3. Wir aber stehn und loben
Den guten Vater droben,
   Er ruft dem Lenz u. schmückt die Flur.
Ist nicht die weite Erde
Ein Lamm von seiner Heerde?
   Er leitet sie an seiner Schnur.

4. Die Stern in hohen Räumen,
Die Blüthen auf den Bäumen,
   Sind Alle seiner Kinder Schaar.
Er schaut mit Wohlgefallen
Hinab und reichet Allen
   Die treuen Vaterhände dar.

5. Drum laßt uns hier im Freien
Ihm unsre Freude weihen:
   Auch hier ist Gottes Heiligthum!
Ihn preisen Laub und Blüthe.
Verkünde Seine Güte,
   Mein Herz, lobsinge Seinen Ruhm!

IX. Die letzten Dinge.

—o—

No. 175. Eigene Melodie.

Wie sie so sanft ruhn,
  Alle die Seligen,
  Die gläubig kämpften
  Den großen Lebenskampf.
  Wie sie so sanft ruhn
  In den Gräbern,
Bis einst sie herrlich erwecket werden.

2. Du, unser Heiland,
  Wardst auch ins Grab versenkt,
  Da Du am Kreuze
  Für uns den Kampf vollbracht.
  Nicht zum Verwesen
  Lagst Du, Heiliger;
Siegreich u. herrlich erstandst Du wieder.

3. O, wenn auch wir ruhn,
  Wie all die Seligen,
  Und hier bestanden
  Den schweren Lebenskampf,
  Dann wirst, Erlöser,
  Du uns rufen
Aus unsern Gräbern zu Deiner Herrlich=
                              lichkeit.

No. 176. Mel.: Christus, der ist mein Leben

Mag auch die L i e b e weinen,
  Es kommt ein Tag des Herrn;
Nach dunkler Nacht erscheinen
  Muß einst ein Morgenstern.

2. Mag auch der G l a u b e zagen,
  Ein Tag des Lichtes naht;
Aus Dämmrung muß es tagen,
  Zur Heimath führt der Pfad.

3. Mag H o f f n u n g auch erschrecken,
  Mag jauchzen Grab und Tod;
Die Schlummernden wird wecken
  Ein selges Morgenroth.

No. 177. Mel : Laß mich gehn.

Weinet nicht, weinet nicht!
Wenn mein Herz im Tode bricht,
  Da hat alle Klag ein Ende,
  Und ich eil in Jesu Hände,
Wo ich wohn in Seinem Licht.

2. Laßt mich ziehn, laßt mich ziehn,
Jetzt zu meinem Jesu hin!
  Ich will Jesum ganz umfassen,
  Will die Welt recht gern verlassen,
Nur nach Jesu steht mein Sinn.

3. Ach, wie wohl! ach, wie wohl!
Ich bin nun ganz Jesu voll.
  Nun ich hab Sein Blut getrunken,
  Bin ich ganz in Ihn versunken,
Von Ihm mich nichts trennen soll.

4. Himmelslicht, Himmelslicht,
Das durch Todesnächte bricht!
  Da, wo Jesus, meine Sonne,
  Schmeck ich nichts als Jesus-Wonne;
Stört in dieser Lust mich nicht!

5. Ach, wie schön, ach wie schön,
Ists im Licht von Salems Höhn,
  · In der Stadt der goldnen Gassen;
  Ach, mein Glück, ich kanns nicht fassen;
Hier will ich euch wiedersehn.

No. 178. Mel.: Wie sie so sanft ruhn.

Verstummt hienieden, Töne der Klage,
nun, Und laßt in Frieden Gottes Ent-
schlafenen ruhn! Weil Er zum Lohne
durch ist gedrungen, Hat Er die Krone
des Sieges errungen.

2. Nur diesseits feuchtet Kummer das
Angesicht; Doch jenseits leuchtet ewiges
Freudenlicht. Die Augen weiden droben nur Wonne; Denn all den Seinen
ist Gott selbst Sonne.

3. Drum, mit den Schafen, die bei dem
Hirten sind, Sollst sanft du schlafen,
gläubiges Gotteskind, Von Feindes
Grimme nimmer erschrecket, Bis Jesu
Stimme dich wieder wecket.

No. 179. Mel.: O Welt, ich muß dich lassen

Wenn kleine Himmelserben
　In ihrer Unschuld sterben,
　　So büßt man sie nicht ein;
Sie werden nur dort oben
Vom Vater aufgehoben,
　　Damit sie unverloren sein.

2. Sie sind ja in der Taufe
　Zu ihrem Christenlaufe
　　Für Christum eingeweiht
Und noch bei Gott in Gnaden;
Was sollt es ihnen schaden,
　　Daß Jesus sie zu sich gebeut.

3. O wohl auch diesem Kinde!
　Es stirbt nicht zu geschwinde.
　　Zeuch hin, du liebes Kind!
Du gehest ja nur schlafen,
Und bleibest bei den Schafen,
　　Die ewig unsers Jesu sind.

No. 180. Eigene Melodie.

Auferstehn, ja auferstehn wirst du, mein
Leib, nach kurzer Ruh; unsterblichs
Leben wird, der dich schuf, dir geben.
Halleluja!

2. Wieder aufzublühn, werd ich ge=
sät! Der Herr der Ernte geht und sam=
melt Garben, uns ein, die in Ihm star=
ben! Gelobt sei Er!

3. Tag des Danks, der Freudenthrä=
nen Tag! du meines Gottes Tag! Wenn
ich im Grab genug geschlummert habe,
erweckst du mich.

4. Wie den Träumenden wirds dann
uns sein; mit Jesu gehn wir ein zu Sei=
nen Freuden! der müden Pilger Leiden
sind dann nicht mehr.

5. Ach, ins Allerheiligste führt mich
mein Mittler dann: lebt ich im Heilig=
thume zu Seines Namens Ruhme! Halle=
luja!

X. TRANSITION HYMNS.

Deutsch=Englisch.

THE CHRISTIAN CREED.

I believe in God the Father Almighty, Maker of heaven and earth.

And in Jesus Christ His only Son, our Lord; who was conceived by the Holy Ghost, born of the Virgin Mary; suffered under Pontius Pilate, was crucified, dead and buried; He descended into hell; the third day He rose again from the dead; He ascended into heaven, and sitteth on the right hand of God the Father Almighty; from thence He shall come to judge the quick and the dead.

I believe in the Holy Ghost; the holy Christian Church, the Communion of saints; the Forgiveness of sins; the Resurrection of the body; and the Life everlasting. Amen.

THE LORD'S PRAYER.

Our Father who art in heaven, hallowed be Thy name. Thy kingdom come, Thy will be done on earth, as it is in heaven. Give us this day our daily bread. And forgive us our trespasses, as we forgive those who trespass against us. And lead us not into temptation, but deliver us from evil — for Thine is the kingdom, and the power, and the glory, forever and ever, Amen.

No. 181. Mel.: Nun danket alle Gott.

Herr Gott, ich danke Dir,
    Ich preise Deinen Namen,
Und will auch für und für
    Von Deiner Güte sagen.
Hast Du doch väterlich,
Mich je und je geliebt,
Wenn gleich mit Undank ich,
Dich, meinen Gott, betrübt.

2. Gott Vater, Deine Huld
    Trägt auch, was untreu worden;
Gott Sohn, Dein groß Geduld
    Sucht Irrende all' Orten,
Gott Heilger Geist, Dein Licht
Macht, daß ich wandle fest,
Denn straucheln braucht der nicht,
Wer sich auf Dich verläßt.

3. O Du, Dreieiniger Gott,
    Laß mich Dir sein befohlen;
Wend ab Gefahr und Noth,
    Vollbringen gieb zum Wollen,
Daß als Dein Eigenthum,
Beim Volk, das Christi heißt,
Ich lebe Dir zum Ruhm,
Gott Vater, Sohn und Geist!

NO. 181. *Tune: Herr Gott, ich danke Dir.*

Lord God, I give Thee thanks,
  I praise and I adore Thee;
I'd join the angel ranks
  And worship e'er before Thee,
When I Thy love recall,
The help that crowned my days,
Thy mercy, glory, all
Inspires to grateful praise! -

2. God Father, Thou dost bear
  With me, though weak and lowly;
God Son, Thy shepherd care
  Seeks, what is lost, so truly;
God Holy Ghost, Thy light
Doth kindle faith and love;
O, guide my feet aright
On to my home above!

3. O, Holy Triune God,
  Let me be Thine forever;
Thy grace and truth support
  Me, that I stumble never.
May as Thine own I live
Near Christ, my Saviour, Friend,
And thanks and praises give,
In strains, that ne'er shall end.

No. 182. Eigene Melodie.

Allein Gott in der Höh sei Ehr,
    Und Dank für seine Gnade,
Darum, daß nun und nimmermehr
    Uns rühren kann ein Schade:
Ein Wohlgefall'n Gott an uns hat,
Nun ist groß Fried ohn Unterlaß.
All Fehd hat nun ein Ende.

2. Wir beten an und loben Dich
    Für Deine Ehr und danken,
Daß Du, Gott Vater, ewiglich
    Regierst ohn alles Wanken;
Ganz ohne Maß ist Deine Macht,
Allzeit geschieht, was Du bedacht:
Wohl uns des guten Herren!

3. O Jesu Christ, Sohn eingeborn
    Deines himmlischen Vaters,
Versöhner derer, die verlor'n,
    Du Stiller unsers Haders!
Lamm Gottes, heilger Herr und Gott,
Nimm an die Bitt in unsrer Noth,
Erbarm Dich unser Aller!

4. O Heilger Geist, Du höchstes Gut,
    Allerheilsamster Tröster!
Vor Satans Macht fortan behüt,

No. 182. *Tune: Allein Gott in der Hoeh' sei Ehr.*

All glory be to God on High,
  Who hath our race befriended!
To us no harm shall now come nigh,
  The strife at last is ended;
God showeth His good will to men,
And peace on earth shall reign again:
  Oh, thank Him for His goodness.

2. We praise, we whorship Thee, we
                  [trust,
  And give Thee thanks for ever,
O Father, that Thy rule is just,
  And wise, and changes never:
Thy boundless pow'r o'er all things
                  [reigns,
Thou dost whate'er Thy will ordains;
  Well for us that Thou rulest!

3. O Jesus Christ, our God and Lord,
  Son of Thy Heavenly Father;
O Thou, who hast our peace restored
  And the lost sheep dost gather,
Thou Lamb of God, to Thee on High,
From out our depths we sinners cry,
  Have mercy on us, Jesus!

4. O Holy Ghost, Thou precious Gift,
  Thou Comforter unfailing,
O'er Satan's snares our souls uplift,

Die Jesus Christ erlöset
Durch Marter groß und bittern Tod;
Wend allen Jammer ab und Noth;
Darauf wir uns verlassen.

No. 183. Eigene Melodie.

Nun danket alle Gott
   Mit Herzen, Mund und Händen,
Der große Dinge thut
   An uns und allen Enden;
Der uns von Mutterleib
Und Kindesbeinen an
Unzählig viel zu gut
Bis hierher hat gethan.

2. Der ewig reiche Gott
   Woll uns bei unserm Leben
Ein immer fröhlich Herz
   Und edlen Frieden geben
Und uns in seiner Gnad
Erhalten fort und fort,
Und uns aus aller Noth
Erlösen hier und dort.

3. Lob, Ehr und Preis sei Gott,
   Dem Vater und dem Sohne,
Und dem, der Beiden gleich
   Im höchsten Himmelsthrone;

And let Thy powr availing
Avert our woes and calm our dread:
For us the Saviour's blood was shed;
We trust in Thee to save us!

No. 183. *Tune: Nun danket Alle Gott.*

Now think we all our God,
With heart and hands and voices,
Who wondrous things hath done,
In whom His earth rejoices; ˋ
Who from our mother's arms
Hath blessed us on our way
With countless gifts of love,
And still is ours to-day.

2. O may this bounteous God,
Through all our life be near us,
With ever joyful hearts,
And blessed peace to cheer us;
And keep us in His grace,
And guide us when perplexed,
And free us from all ills,
In this world and the next.

3. All praise and thanks to God,
The Father, now be given,
The Son and Him who reigns
With them in highest heaven;

Ihm, dem Dreieinigen,
Als es ursprünglich war
Und ist und bleiben wird
Jetzund und immerdar!

No. 184. Mel.: Nearer my God

Näher, mein Gott, zu Dir,
Näher zu Dir!
Und wäre auch ein Kreuz
Die Leiter mir,
Doch säng ich für und für:
Näher, mein Gott zu Dir,
Näher zu Dir!

2. Bettet' ich, Jakob gleich,
Müd' und allein,
Mein Haupt in finst'rer Nacht
Auf kaltem Stein:
Höb' mich mein Traum von hier
Näher, mein Gott, zu Dir,
Näher zu Dir.

3. Dort wird als Himmelspfad
Dein Weg mir klar;
Leiden, die Du gesandt
Als Engelschaar
Beflügelnd die Begier!
Näher, mein Gott, zu Dir,
Näher zu Dir.

The One eternal God,
Whom earth and heaven adore;
For thus it was, is now,
And shall be evermore!

No. 184. *Tune: Naeher, mein Gott, zu Dir.*

Nearer, my God, to Thee,
   Nearer to Thee!
E'en though it be a cross
   That raiseth me;
Still all my song shall be,
Nearer, my God, to Thee,
   Nearer to Thee!

2. Though, like the wanderer,
   The sun gone down,
Darkness be over me,
   My rest a stone,
Yet in my dreams I'd be
Nearer, my God, to Thee,
   Nearer to Thee!

3. There let my way appear,
   Steps unto heaven;
All that Thou sendest me
   In mercy given;
Angels to beckon me
Nearer, my God, to Thee,
   Nearer to Thee!

4. Strahlt dann mein wacher Geist
    In Deinem Schein,
Bau'n sich zum Dankaltar
    Die Sorgenstein'!
So hilft auch Trübsal mir:
Näher, mein Gott, zu Dir,
    Näher zu Dir!

5. Ja, wenn mein Freudenflug
    Himmelan steigt;
Sonn', Mond und Sternenglanz
    Unter mir bleicht.
Nimmer verstummt's in mir:
Näher, mein Gott, zu Dir,
    Näher zu Dir!

No. 185. Eigene Melodie.

Wie soll ich Dich empfangen,
    Und wie begegn' ich Dir?
O aller Welt Verlangen!
    O meiner Seelen Zier!
O Jesu, Jesu, setze,
Mir selbst die Fackel bei,
Damit, was Dich ergötze,
Mir kund und wissend sei.

2. Dein Zion streut Dir Palmen
    Und grüne Zweige hin
Und ich will Dir in Psalmen

4. Then with my waking thoughts
   Bright with Thy praise,
Out of my stony griefs,
   Bethel I'll raise;
So by my woes to be
Nearer, my God, to Thee!
   Nearer to Thee!

5. Or if on joyful wings,
   Cleaving the sky,
Sun, moon, and stars forgot,
   Upward I fly;
Still all my song shall be:
Nearer, my God, to Thee!
   Nearer to Thee!

No. 185. *Tune: Wie soll ich Dich empfangen?*

⊙ how shall I receive Thee,
   How greet Thee, Lord, aright?
All nations long to see Thee,
   My hope, my hearts delights:
O kindle, Lord, most holy,
Thy lamp within my breast,
To do in spirit lowly
All that may please Thee best.

2. Thy Zion palms is strewing,
   And branches fresh and fair;
My heart, its pow'rs renewing,

Ermuntern meinen Sinn.
Mein Herze soll Dir grünen
In stetem Lob und Preis
Und Deinem Namen dienen,
So gut es kann und weiß.

3. Nichts, nichts hat Dich getrieben
    Zu mir vom Himmelszelt
Als das geliebte Lieben,
    Damit Du alle Welt
In ihren tausend Plagen
Und großer Jammerslast,
Die kein Mund kann aussagen,
So fest umfangen hast.

4. Das schreibt euch in die Herzen,
    Ihr hochbetrübtes Heer,
Bei denen Gram und Schmerzen
    Sich häufen mehr und mehr.
Seid unverzagt! ihr habet
Die Hülfe vor der Thür!
Der eure Herzen labet
Und tröstet, steht allhier.

No. 186. Eigene Melodie.

Liebster Jesu, wir sind hier
    Dich und Dein Wort anzuhören;
Lenke Sinnen und Begier

An anthem shall prepare.
My soul puts off her sadness,
Thy glories to proclaim;
With all her strength and gladness
She fain would serve Thy Name.

3. Love caused Thy Incarnation,
    Love brought Thee down to me,
Thy thirst for my salvation,
    Procured my liberty.
O love beyond all telling,
That led Thee to embrace
In love all love excelling,
Our lost and fallen race!

4. Rejoice then, ye sad-hearted,
    Who sit in deepest gloom,
We mourn o'er joys departed,
    And tremble at their doom:
He, who alone can cheer you,
Is standing at the door;
He brings His pity near you,
And bids you weep no more.

No. 186. *Tune: Liebster Jesu, wir sind hier.*

Blessed Jesus, at Thy word
    We are gathered all to hear Thee;
Let our hearts and souls be stirred

Auf die süßen Himmelslehren,
Daß die Herzen von der Erden
Ganz zu Dir gezogen werden.

2. Unser Wissen und Verstand
   Ist mit Finsterniß umhüllet,
Wo nicht Deines Geistes Glanz
   Uns mit hellem Licht erfüllet;
Gutes Denken, gutes Dichten
Mußt Du selbst in uns verrichten.

3. O, Du Glanz der Herrlichkeit,
   Licht vom Licht, aus Gott geboren,
Mach uns allesammt bereit,
   Oeffne Herzen, Mund und Ohren!
Unser Bitten, Flehn und Singen
Laß, Herr Jesu, wohlgelingen.

No 187. Eigene Melodie.

Herr Jesu Christ, dich zu uns wend,
Den heiligen Geist Du zu uns send,
Der uns mit Seiner Gnad regier
Und uns den Weg zur Wahrheit führ.

2. Thu auf den Mund zum Lobe Dein,
Bereit das Herz zur Andacht sein;
Den Glauben mehr, stärk den Verstand,
Daß uns Dein Nam werd wohl bekannt.

Now to seek and love and fear Thee;
By Thy teachings sweet and holy
Drawn from earth to love Thee solely.

2. All our knowledge, sense and sight
  Lie in deepest darkness shrouded,
Till Thy spirit breaks our night
  With the beams of truth unclouded.
Thou alone to God canst win us,
Thou must work all good within us.

3. Glorious Lord, Thyself impart!
  Light of light, from God proceeding,
Open Thou our ears and heart,
  Help us by Thy spirit's pleading,
Hear the cry, Thy people raises,
Hear, and bless our prayers and
[praises.

No. 187. *Tune: Herr Jesu Christ·*

Lord Jesus Christ, be present now!
And let Thy Holy Spirit bow
All hearts in love and fear to-day,
To hear the truth and keep Thy way.

2. Open our lips to sing Thy praise,
Our hearts in true devotion raise,
Strengthen our faith, increase our light
That we may know Thy Name aright.

3. Bis wir singen mit Gottes Heer:
Heilig, heilig ist Gott der Herr!
Und schauen Dich von Angesicht
In ewger Freud und selgem Licht.

4. Ehr sei dem Vater und dem Sohn,
Dem heilgen Geist in einem Thron;
Der heiligen Dreifaltigkeit
Sei Lob und Preis in Ewigkeit.

No. 188. Mel.: Seelenbräutigam.

Jesu, geh voran
Auf der Lebensbahn;
Und wir wollen nicht verweilen,
Dir getreulich nachzueilen:
Führ uns an der Hand
Bis ins Vaterland.

2. Solls uns hart ergehn,
Laß uns feste stehn.
Und auch in den schwersten Tagen
Niemals über Lasten klagen;
Denn durch Trübsal hier
Geht der Weg zu Dir.

3. Rühret eigner Schmerz
Irgend unser Herz,
Kümmert uns ein fremdes Leiden;

3. Until we join the host that cry:
"Holy art Thou, O Lord most High!"
And 'mid the light of that blest place
Shall gaze upon Thee, face to face.

4. Glory to God, the Father, Son,
And Holy Spirit, Three in One!
To Thee, o blessed Trinity,
Be praise throughout eternity!

No. 188. *Tune: Jesu, geh voran.*

Jesus, still lead on,
  Till our rest be won
And although the way be cheerless,
We will follow, calm and fearless,
  Guide us by Thy hand
  To our Fatherland!

2. If the way be drear,
  If the foe be near,
Let not faithless fears o'ertake us:
Let not faith and hope forsake us;
  For through many a foe
  To our home we go!

3. When we seek relief
  From a long-felt grief;
When temptations come alluring,

O so gieb Geduld zu beiden;
    Richte unsern Sinn
    Auf das Ende hin.

4 Ordne unsern Gang,
    Liebster, lebenslang.
Führst Du uns durch rauhe Wege:
Gieb uns auch die nöthge Pflege;
    Thu uns nach dem Lauf
    Deine Thüre auf.

No. 189. Eigene Melodie.

Erhalt uns, Herr, bei Deinem Wort
Und steure aller Feinde Mord,
Die Jesum Christum, Deinen Sohn,
Wollen stürzen von Seinem Thron.

2 Beweis Dein Macht, Herr Jesu Christ,
Der Du Herr aller Herren bist!
Beschirm Dein arme Christenheit,
Daß sie Dich lob in Ewigkeit.

3. Gott, Heil'ger Geist, Du Tröster werth,
Gib Dein'm Volk einen Sinn auf Erd.
Steh bei uns in der letzten Noth,
Leit uns ins Leben aus dem Tod.

Make us patient and enduring:
   Show us that bright shore
   Where we weep no more!

4. Jesus, still lead on,
   Till our rest be won;
Heavenly Leader, still direct us,
Still support, console, protect us,
   Till we safely stand
   In our Fatherland!

No. 189.   *Tune: Erhalt uns, Herr, bei etc.*

Lord, keep us steadfast in Thy word:
Curb those who fain by craft or sword,
Would wrest the kingdom from Thy
                          [Son,
And set at naught all He hath done.

2. Lord Jesus Christ, Thy power make
                          [known;
For Thou art Lord of lords alone:
Defend Thy Christendom, that we
May evermore sing praise to Thee.

3. O Comforter, of priceless worth,
Send peace and unity on earth,
Support us in our final strife,
And lead us out of death to life.

No. 190. Mel.: Just as I am, &c.

So wie ich bin,—mein Recht und Brief.
Allein Dein Blut, die Wunden tief
Und Dein Wort, das zu Dir mich rief,
Komm ich zu Dir, o Gotteslamm!

2. So wie ich bin; ich harre nicht,
Bis eigne Macht das Dunkel bricht;
Zu Dir, der Nacht verklärt in Licht,
So komm ich hier, o Gotteslamm!

3. So wie ich bin; im Widerstreit
Der Zweifel, voller Herzeleid,
Mir selber Feind, vom Feind umdräut,
Erbarm Dich mein, o Gotteslamm!

4. So wie ich bin; blind, arm u. matt,
Such ich bei Dir, der Alles hat,
Licht, Reichthum, Salb aus Gilead,
Erhöre mich, o Gotteslamm!

5. So wie ich bin, nimmst Du mich an
All Sünd und Schuld wird abgethan,
Weil Deinem Wort ich glauben kann,
Ich komm zu Dir, o Gotteslamm!

No. 190. *Tune: So wie ich bin, etc.*

Just as I am, without one plea,
But that Thy blood was shed for me,
And that Thou bidst me to come to
[Thee,
O Lamb of God, I come, I come!

2. Just as I am, and waiting not
To rid my soul of one dark blot,
To Thee, whose blood can cleanse
[each spot,
O Lamb of God, I come, I come!

3. Just as I am, though tossed about
With many a conflict, many a doubt
Fightings and fears within, without,
O Lamb of God, I come, I come!

4. Just as I am, poor, wretched, blind,
Sight, riches, healing of the mind,
Yea, all I need, in Thee I find,
O Lamb of God, I come, I come!

5. Just as I am, Thou wilt receive,
Wilt welcome, pardon, cleanse, relieve,
Because Thy promise I believe;
O Lamb of God, I come, I come!

6. So wie ich bin, Dein Liebeswort
Hebt über jede Kluft mich fort.
So laß mich Dein sein hier und dort,
Dein sein und bleiben, Gottes Lamm!

No. 191. Mel: I want to be an angel.

Ich wär so gern ein Engel
　In jenem selgen Land,
Gekrönt auf meinem Haupte,
　Die Harfe in der Hand.
Dort vor des Heilands Throne,
　In himmlisch hoher Pracht,
Möcht ich mit selgen Geistern
　Ihn preisen Tag und Nacht.

2. Nie würde ich ermüden,
　Und weinen nimmermehr,
Kein Kummer sollt mich rühren
　In jenem selgen Heer:
Gesegnet, rein und heilig,
　Bei Jesu möcht ich sein,
Und mit zehn Tausend Tausend
　Im Jubel stimmen ein.

3. Zwar bin ich schwach und sündlich,
　Doch Jesus macht mich reich;
Schon manches kleine Kindlein
　Hat Er in Seinem Reich.

6. Just as I am, Thy Love unknown
Has broken every barrier down;
Now to be Thine, yea, Thine alone,
O Lamb of God, I come, I come!

No. 191. *Tune: Ich waer' so gern ein Engel.*

I want to be an angel
    And with the angels stand,
A crown upon my forehead,
    A harp within my hand;
There, right before my Saviour,
So glorious and so bright,
I'd make the sweetest music,
And praise Him day and night.

2. I never would be weary,
    Nor ever shed a tear,
Nor ever know a sorrow,
    Nor ever feel a fear;
But, blessed, pure and holy,
I'd dwell in Jesus' sight,
And with ten thousand thousands
Praise Him both day and night.

3. I know I'm weak and sinful,
    But Jesus will forgive;
For many little children
    Have gone to heaven to live.

Drum, theurer Heiland, halte
Du mich in Deiner Hand,
Und wenn ich einst erkalte,
Trag mich zum Himmelsland.

4. Dort werd ich sein ein Engel,
    In jenem selgen Land,
Die Krone auf dem Haupte,
    Die Harfe in der Hand.
Ja, dort, mein Herr und König,
Wenn Du mich heimgebracht,
Will ich mit selgen Engeln
Dich preisen Tag und Nacht.

No.192. Ml. From Greenland's icy mountains.

Von Grönlands Eisgestaden,
    Von Indiens Perlenstrand,
Von Perus goldnen Pfaden,
    Vom dunklen Mohrenland;
Von manchem alten Ufer
Und palmenreicher Flur
Ertönt das Flehn der Rufer:
„Zeigt uns der Wahrheit Spur!"

2. Ob auch gewürzte Winde
    Auf Ceylons Inseln wehn,
Der Mensch ist todt in Sünde
Und muß verloren gehn.

Dear Saviour, when I languish,
And lay me down to die,
Oh, send a shining angel,
To bear me to the sky.

4. Oh, there I'll be an angel
And with the angels stand,
A crown upon my forehead,
A harp within my hand.
And there, before my Saviour,
So glorious and so bright,
I'll join the heavenly music,
And praise Him day and night.

No. 192. Tune: Von Groenland's Eisgestaden

From Greenland's icy mountains,
From India's coral strand;
Where Afric's sunny fountains
Roll down their golden sand;
From many an ancient river,
From many a palmy plain,
They call us to deliver
Their land from error's chain.

2. What, though the spicy breezes
Blow soft o'er Ceylon's isle,
Though every prospect pleases,
And only man is vile;

Umsonst sind Gottes Gaben
So reichlich ausgestreut;
Die Heiden sind begraben
In Nacht und Dunkelheit.

3. Wir, denen treue Hirten
    Und Gottes Wort verliehn,
Wir könnten den Verirrten
    Das Lebenslicht entziehn!
O nein! Die frohe Kunde
Vom Heil in Jesu Christ
Erschall von Mund zu Munde,
Bis jedes Volk Ihn küßt.

4. Ihr Winde, weht die Wahrheit,
    Ihr Wasser tragt sie fort,
Bis wie ein Meer voll Klarheit
    Sie fülle jeden Ort;
Bis der versöhnten Erde
Das Lamm, der Sünderfreund,
Der Herr und Hirt der Heerde
In Herrlichkeit erscheint.

No. 193. Eigene Melodie.

Ein feste Burg ist unser Gott,
    Ein gute Wehr und Waffen;
Er hilft uns frei aus aller Noth,
    Die uns jetzt hat betroffen.

In vain with lavish kindness
The gifts of God are strown;
The heathen in his blindness
Bows down to wood and stone.

3. Shall we, whose souls are lighted
   With wisdom from on high;
Shall we, to men benighted,
   The lamp of life deny?
Salvation! O salvation!
The joyful sound proclaim,
Till earth's remotest nation
Has learned Messiah's name.

4. Waft, waft, ye winds, His story,
   And you, ye waters, roll,
Till, like a sea of glory,
   It spreads from pole to pole;
Till o'er our ransomed nature,
The Lamb for sinners slain,
Redeemer, King, Creator,
In bliss returns to reign.

No. 193. *Tune: Einfeste Burg.*

A Mighty Fortress, is our God,
   A trusty Shield and Weapon;
He helps us free from every need
   That hath us now o'ertaken.

Der alt' böse Feind
Mit Ernst ers jetzt meint;
Groß Macht und viel List
Sein grausam Rüstung ist;
Auf Erd ist nicht seins Gleichen.

2. Mit unsrer Macht ists nicht gethan,
Wir sind gar bald verloren,
Es streit't für uns der rechte Mann,
Den Gott hat selbst erkoren.
Fragst du, wer der ist?
Er heißt Jesus Christ,
Der Herr Zebaoth,
Und ist kein andrer Gott;
Das Feld muß Er behalten!

3. Und wenn die Welt voll Teufel wär
Und wollt uns gar verschlingen,
So fürchten wir uns nicht so sehr,
Es soll uns doch gelingen!
Der Fürst dieser Welt,
Wie sau'r er sich stellt,
Thut er uns doch nichts;
Das macht, er ist gericht't;
Ein Wörtlein kann ihn fällen.

4. Das Wort sie sollen lassen stahn
Und kein'n Dank dazu haben!
Er ist bei uns wohl auf dem Plan

The old bitter foe
Means us deadly woe;
Deep guile and great might
Are his dread arms in fight,
On earth is not his equal.

2. With might of ours naught can be
Soon were our loss effected;   [done,
But for us fights the Valiant One,
Whom God himself elected.
Ask ye, who is this?
Jesus Christ it is,
Of Sabaoth Lord,
And there's none other God,
He holds the field for ever.

3. Though devils all the world should
All watching to devour us,   [fill,
We tremble not, we fear no ill,
They cannot overpow'r us,
This world's prince may still
Scowl fierce as he will,
He can harm us none,
He's judged, the deed is done,
One little word o'erthrows him.

4. The Word they still shall let re-
And not a thank have for it,   [main,
He's by our side upon the plain,

Mit seinem Geist und Gaben.
Nehm'n sie uns den Leib,
Gut, Ehr, Kind und Weib,
Laß fahren dahin;
Sie haben kein'n Gewinn!
Das Reich muß uns doch bleiben!

No. 194. Ml.: Wer nur den lieben Gott läßt walten

Wohlan, der Tag ist nun gekommen,
  Der Bundestag, der feierlich
Mich in Gemeinschaft mit den Frommen
  Führt hin, oHerr, mein Gott, vor Dich,
Zu machen mein Gelübde neu,
Daß ich hinfort Dein Eigen sei.

2. Ich bin ja Dein schon durch die Taufe,
  Und Dein zu bleiben wünsche ich;
Mit meinem ganzen Lebenslaufe
  Will ich Dir dienen ernstiglich.
Ich glaube, was Dein Wort verheißt,
Gott Vater, Sohn und Heilger Geist.

3. Mein Heiland, Deine warme Liebe,
  Von Furcht und Zweifel mich befrei,
Daß Dir zu folgen ich mich übe
  Und ich Dir ganz geheiligt sei.
O Heilger Geist, erhalte mich
Und sei mein Führer ewiglich!

With his good gifts and Spirit,
Take they then our life,
Goods, fame, child and wife;
When their worst is done,
They yet have nothing won,
The Kingdom our's remaineth.

No. 194. *Tune: Wohlan, der Tag ist nun etc.*

The day, long looked for, now is
[nearing,
That day of solemn vows and prayer;
O Lord, my God, grant me a hearing,
In faith I to Thy house repair—
To Thee I consecrate my heart,
O let me ne'er from Thee depart!

2. I would be Thine, I've learned to
[love Thee,
My vows here to renew I came,
At Thine own Altar now accept me—
Was I not baptized in Thy name?
O now enroll me with Thy host,
God Father, Son and Holy Ghost!

3. Dear Father, love and keep me
near Thee,
My heart from sin and doubt release;
In Jesus' footsteps guide and cheer me,
O Spirit Holy, do not cease

To strengthen and preserve me sure,
That I may to the end endure!

No. 195. Mel.: Rock of Ages.

Fels des Bundes, aufgethan,
Mich beschirmend zu umfahn,
Oeffn' in Wasser und in Blut,
Deiner Seite mir die Fluth,
Die zu Gott um Sühne schreit,
Und mein unrein Herz erneut!

2. Reuethränen ohne End,
Eifer, der kein Feiern kennt,
Kann das meine Sühne sein?
Du mußt retten, Du allein!
Geistesarm, mit leerer Hand
Halt ich, Herr, Dein Kreuz umspannt!

3. Ob ich wall' im Erdenlicht,
Ob mein Aug im Tode bricht,
Ob ich dahin werd erhöht
Wo Dein Thron in Glorie steht:
Bundesfels, bleib aufgethan,
Mich beschirmend zu umfahn!

No. 196. Mel.: Shall we gather at the river.

Sammeln wir am Strom uns alle,
    Wo die Engel warten schon.
Und die Wasser wie Krystalle
    Fließen hin vor Gottes Thron?

No. 195. (7s.)

Rock of Ages, cleft for me,
Let me hide myself in Thee!
Let the water and the blood,
From Thy riven side which flowed,
Be of sin the double cure,
Save me, Lord, and make me pure.

2. Not the labor of my hands
Can fulfil Thy law's demands;
Could my zeal no respite know,
Could my tears forever flow,
All for sin could not atone:
Thou must save, and Thou alone.

3. While I draw this fleeting breath,
When mine eyelids close in death,
When I rise to worlds unknown,
See Thee on Thy judgment throne,
Rock of Ages, cleft for me,
Let me hide myself in Thee!

No. 196. *Tune: Peculiar.*

Shall we gather at the river
    Where bright angel feet have trod;
With its crystal tide for ever
    Flowing by the throne of God?

Chor:

Ja wir sammeln uns am Strome,
Dem herrlichen, herrlichen Strome,
Sammeln uns mit Heiligen am Strome,
Der hinfließt vor Gottes Thron.

2. Dort, wo an des Stroms Gestade
    Sich die Silberwelle bricht,
Preisen ewig wir die Gnade,
    An dem Tag voll Glanz und Licht.
Ch.: Ja, wir sammeln 2c.

3. Ehe wir zum Strom gelangen,
    Legen jede Last wir hin,
Dort als Sieger zu empfangen
    Kron und Purpur zum Gewinn.
Ch.: Ja, wir sammeln 2c.

3. In des Stromes hellem Spiegel
    Nimmt man Jesu Antlitz wahr,
Und des Todes Schloß und Riegel
    Trennt da nicht der Heilgen Schaar.
Ch.: Ja, wir sammeln 2c.

5. An dem Silberstrom im Leben
    Schließt sich unser Pilgerlauf,
Und des Herzens heilig Beben
    Geht in Wonnejubel auf.
Ch.: Ja, wir sammeln 2c.

Chorus;

Yes, we'll gather at the river,
The beautiful, the beautiful river—
Gather with the saints at the river,
That flows by the throne of God.

2. On the margin of the river,
    Washing up its silver spray,
We will walk and worship ever
    All the happy, golden day.
Ch.: Yes, we'll gather &c.

3. Ere we reach the shining river,
    Lay we every burden down;
Grace our spirits will deliver
    And provide a robe and crown.
Ch.: Yes, we'll gather &c.

4. At the smiling of the river,
    Mirror of the Saviour's face,
Saints whom death will never sever,
    Lift their songs of saving grace.
Ch.: Yes, we'll gather &c.

5. Soon we'll reach the silver river,
    Soon our pilgrimage we'll cease;
Soon our happy hearts will quiver
    With the melody of peace.
Ch.: Yes, we'll gather &c.

No. 197. Tune: Coronation. (C. M.)

All hail the power of Jesus' name!
  Let angels prostrate fall;
Bring forth the royal diadem,
  And crown Him Lord of all.

2. Let every kindred, every tribe,
  On this terrestrial ball,
:,:To Him all majesty ascribe,
  And crown Him Lord of all.:,:

3. Oh, that with yonder sacred throng
  We at His feet may fall;
:,:We'll join the everlasting song,
  And crown Him Lord of all.

No. 198. Tune: Nettleton. (8s, 7s.)

Come, Thou Fount of every blessing,
  Tune my heart to sing Thy grace;
Streams of mercy, never ceasing,
  Call for songs of loudest praise;
Teach me some melodious sonnet,
Sung by flaming tongues above;
Praise the mount—I'm fixed upon it!
Mount of Thy redeeming love.

2. Here I raise mine Ebenezer,
  Hither by Thy help I've come;
And I hope by Thy good pleasure,

Safely to arrive at home.
Jesus sought me when a stranger,
Wand'ring from the fold of God;
He to save my soul from danger,
Interposed His precious blood.

3. O, to grace how great a debtor,
    Daily I'm constrained to be!
Let that grace, Lord, like a fetter,
    Bind my wand'ring heart to Thee;
Prone to wander, Lord, I feel it—
Prone to leave the God I love—
Here's my heart, Lord, take and seal it,
Seal it for Thy courts above.

No. 199. (7s.)

Jesus, lover of my soul,
    Let me to Thy bosom fly,
While the nearer waters roll,
    While the tempest still is high;
Hide me, O my Saviour, hide,
Till the storm of life is passed;
Safe into the haven guide,
Oh, receive my soul at last.

2. Other refuge have I none,
    Hangs my helpless soul on Thee;
Leave, ah, leave me not alone,

Still support and comfort me.
All my trust on Thee is stayd,
All my help from Thee I bring;
Cover my defenceless head
With the shadow of Thy wing.

3. Thou, o Christ, art all I want;
   More than all in Thee I find:
Raise the fallen, cheer the faint,
   Heal the sick, and lead the blind.
Just and holy is Thy Name,
I am all unrighteousness:
False and full of sin I am,
Thou art full of truth and grace.

4. Plenteous grace with Thee is found,
   Grace to cover all my sin:
Let the healing streams abound;
   Make and keep me pure within.
Thou of life the Fountain art,
Freely let me take of Thee;
Spring Thou up within my heart,
Rise to all eternity.

No. 200. Tune: New Haven. (6s, 4s)

My faith looks up to Thee,
Thou Lamb of Calvary;
   Saviour divine:

Now hear me while I pray;
Take all my guilt away;
O, let me, from this day,
  Be wholly Thine!

2. May Thy rich grace impart
Strength to my fainting heart!
  My zeal inspire!
As Thou hast died for me,
O, may my love to Thee
Pure, warm, and changeless be—
  A living fire!

3. While life's dark maze I tread,
And griefs around me spread,
  Be Thou my guide;
Bid darkness turn to day;
Wipe sorrow's tears away,
Nor let me ever stray
  From Thee aside.

4. When ends life's transient dream;
When death's cold sullen stream
  Shall o'er me roll;
Blest Saviour, then in love,
Fear and distrust remove;
O, bear me safe above,—
  A ransom'd soul!

No. 201. Mel.: Lord, dismiss us with &c.

Herr, entlaß uns mit dem Segen,
  Den Du uns verheißen hast;
Führ auf Deinen Liebeswegen,
  Außer Dir ist keine Rast.
O erquick uns!
Arme Pilger dieser Welt.

No. 202. Mel.: Liebster Jesu, wir sind hier.

Unsern Ausgang segne Gott,
  Unsern Eingang gleichermaßen;
Segne unser täglich Brod,
  Segne unser Thun und Lassen;
Segne uns mit selgem Sterben
Und mach uns zu Himmelserben!

No. 203. Mel.: Praise God, from whom &c.

Preist Gott, der uns viel Guts bescheert,
Preist Ihn, ihr Menschen auf der Erd!
Preist Ihn, ihr Selgen allermeist!
Preist Vater, Sohn und Heilgen Geist!

No. 204. (Der neutestamentliche Segen.)

Die Gnade unsers Herrn Jesu Christi,
und die Liebe Gottes, und die Gemein=
schaft des Heilgen Geistes sei mit uns
Allen, mit uns Allen. Amen.

No. 201. *Tune: Greenville·*

Lord, dismiss us with Thy blessing,
    Fill our hearts with joy and peace,
Let us each Thy love possessing,
    Triumph in redeeming grace.
O refresh us!
Trav'ling through this wilderness.

No. 202. *Tune: Unsern Ausgang segne Gott.*

Bless our going forth, dear Lord,
    And our coming in, we pray Thee;
Daily bread with grace afford,
    Guide and keep us ever near Thee;
Comfort us with sins forgiven
And at last take us to heaven.

No. 203. *Old Hundred. (L. M)*

Praise God, from whom all blessings
                    [flow!
Praise Him, all creatures here below'
Praise him above, ye heavenly host!
Praise Father, Son, and Holy Ghost.

No. 204. *The N. T. Benediction.*

The grace of our Lord Jesus Christ
The love of God the Father
And the Communion and fellowship
                of the Holy Ghost
Be with us all. Amen.

No. 205. *Tune: Schoenster Herr Jesu.*

Beautiful Saviour, King of creation!
Son of God and Son of man! Truly
I'd love Thee, Truly I'd serve Thee,
Light of my soul, my Joy, my Crown.

2. Fair are the meadows, Fairer
the woodlands. Robed in flowers of
blooming spring; Jesus is fairer.
Jesus is purer; He makes our sorrow-
ing spirit sing.

3. Fair is the sunshine. Fairer the
moonlight And the sparkling stars on
high; Jesus shines brighter. Jesus
shines purer. Than all the angels in
the sky.

4. Beautiful Saviour! Lord of the
nations! Son of God and Son of
man! Glory and honor. Praise.
adoration, Now and for evermore be
Thine!

Alphabetisches Register der Lieder.

———— o ————

LIST OF ENGLISH HYMNS.

———o———

No.

Ueber die Melodien

merke man sich Folgendes:

1. Choralmelodien, welche meistens bekannt und in allen Choralbüchern zu finden sind, passen auf folgende Lieder:

Nrn 4, 5, 6, 7, 8, 10, 14, 16, 17, 18, 20, 21, 22, 23, 28, 29, 31, 32, 34, 37, 43, 45, 47, 48, 49, 51, 52, 54, 56, 58, 59, 60, 61, 62, 63, 66, 67, 70, 71, 72, 73. 74, 75, 77, 78, 79, 80, 81, 82, 83, 85, 86, 87, 88, 89, 90, 91, 94, 95, 96, 97, 98, 100, 101, 102, 103, 108, 111, 112, 113, 114, 116, 117, 125, 137, 139, 145, 146, 147, 149, 150, 152, 154, 176, 177, 179. 181, 182, 183, 185, 186, 187, 188, 189, 190, 192, 193, 194 Dieselben Lieder können aber auch zu anderen lebhafteren Melodien gesungen werden.

2. Englische Melodien, wie sie aus unserem "Book of Whorship with Tunes" und sonstwie bekannt sein mögen, lassen sich durch die lateinischen Buchstaben "C. M." (common meter), "L. M." (long meter, "7s" (siebensilbig), "8s. 7s" (acht und siebensilbig) identifizieren.

3. Parallel = Melodien. Alle mit "C.M." bezeichneten Lieder lassen sich auch singen zu:

„Nun sich der Tag geendet hat."
„Mein Gott, das Herz ich bringe Dir."
„Ueb immer Treu und Redlichkeit."
"When I can read my title clear."
"Come Holy Spirit Heavenly Dove."
"All hail the power of Jesus' name."

L. M. paßt zu:

„Herr Jesu Christ, Dich zu uns wend."
„Vom Himmel hoch, da komm ich her."
"Before Jehovah's awful throne."
"Old Hundred."

6s, 4s:

„Gottes= und Menschensohn."
"My country 'tis of thee."
"My faith looks up to Thee."

7s:

„Gott sei Dank in alle Welt."
„Himmel, Erde, Luft und Meer."
„Walte, walte nah und fern."
„Müde bin ich, geh zur Ruh"
"Jesus, Lover of my soul."

7s, 6s:

„Wie soll ich Dich empfangen."
„Befiehl du deine Wege."
„Ich wär so gern ein Engel."
„Ein Gärtner geht im Garten."
"From Greenland's icy mountains."

8s, 7s:

„O Durchbrecher aller Bande."
„O, Du Liebe meiner Liebe."
„Daß es auf der armen Erde."
"Come thou fount of every blessing."